"十三五"应用型本科院校系列教材/经济管理类

Entrepreneurial Training Course of E-Business

电商创业实操教程

（第2版）

主　编　黄秀梅　刘世鹏
副主编　吴　征　苏庆艳　刘　爽　孙惠娟

哈尔滨工业大学出版社
HARBIN INSTITUTE OF TECHNOLOGY PRESS

内 容 简 介

随着"互联网+"的迅速发展,无论是内贸电商还是外贸电商都迅速发展起来,并形成了一股电商创业大潮。传统的淘宝、天猫等平台,各种App、直播带货、微博营销等随着这股热潮迅速发展起来。鉴于此,本书分为14个实验项目,将适合大学生低成本创业的平台介绍给广大的创业者,为大学生提供创业的可能性和机会。本书介绍了电子商务的基础理论,然后以选品、销售渠道、物流选择到售后一系列电商流程为顺序,分别讲授了内贸电商创业渠道和外贸电商创业渠道。本书图文并茂,通俗易懂,便于学习和操作。

本书可作为本、专科层次的学校开设相关创业课程的教材,也可为广大读者提供创业参考。

图书在版编目(CIP)数据

电商创业实操教程/黄秀梅,刘世鹏主编. — 2版. — 哈尔滨:哈尔滨工业大学出版社,2021.8(2025.1重印)
ISBN 978-7-5603-8253-1

Ⅰ.①电⋯ Ⅱ.①黄⋯ ②刘⋯ Ⅲ.①电子商务-商业经营 Ⅳ.①F713.365.2

中国版本图书馆CIP数据核字(2019)第097699号

策划编辑	杜 燕
责任编辑	杜 燕 宗 敏
出版发行	哈尔滨工业大学出版社
社　　址	哈尔滨市南岗区复华四道街10号 邮编150006
传　　真	0451-86414749
网　　址	http://hitpress.hit.edu.cn
印　　刷	哈尔滨市工大节能印刷厂
开　　本	787mm×1092mm 1/16 印张14.5 字数335千字
版　　次	2021年8月第2版 2025年1月第5次印刷
书　　号	ISBN 978-7-5603-8253-1
定　　价	38.00元

(如因印装质量问题影响阅读,我社负责调换)

《"十三五"应用型本科院校系列教材》编委会

主　任	修朋月	竺培国			
副主任	张金学	吕其诚	线恒录	李敬来	王玉文
委　员	丁福庆	于长福	马志民	王庄严	王建华
	王德章	刘金祺	刘宝华	刘通学	刘福荣
	关晓冬	李云波	杨玉顺	吴知丰	张幸刚
	陈江波	林　艳	林文华	周方圆	姜思政
	庹　莉	韩毓洁	蔡柏岩	臧玉英	霍　琳
	杜　燕				

序

哈尔滨工业大学出版社策划的《"十三五"应用型本科院校系列教材》即将付梓,诚可贺也。

该系列教材卷帙浩繁,凡百余种,涉及众多学科门类,定位准确,内容新颖,体系完整,实用性强,突出实践能力培养。不仅便于教师教学和学生学习,而且满足就业市场对应用型人才的迫切需求。

应用型本科院校的人才培养目标是面对现代社会生产、建设、管理、服务等一线岗位,培养能直接从事实际工作、解决具体问题、维持工作有效运行的高等应用型人才。应用型本科与研究型本科和高职高专院校在人才培养上有着明显的区别,其培养的人才特征是:①就业导向与社会需求高度吻合;②扎实的理论基础和过硬的实践能力紧密结合;③具备良好的人文素质和科学技术素质;④富于面对职业应用的创新精神。因此,应用型本科院校只有着力培养"进入角色快、业务水平高、动手能力强、综合素质好"的人才,才能在激烈的就业市场竞争中站稳脚跟。

目前国内应用型本科院校所采用的教材往往只是对理论性较强的本科院校教材的简单删减,针对性、应用性不够突出,因材施教的目的难以达到。因此亟须既有一定的理论深度又注重实践能力培养的系列教材,以满足应用型本科院校教学目标、培养方向和办学特色的需要。

哈尔滨工业大学出版社出版的《"十三五"应用型本科院校系列教材》,在选题设计思路上认真贯彻教育部关于培养适应地方、区域经济和社会发展需要的"本科应用型高级专门人才"精神,根据黑龙江省委前书记吉炳轩同志提出的关于加强应用型本科院校建设的意见,在应用型本科试点院校成功经验总结的基础上,特邀请黑龙江省9所知名的应用型本科院校的专家、学者联合编写。

本系列教材突出与办学定位、教学目标的一致性和适应性,既严格遵照学科体系的知识构成和教材编写的一般规律,又针对应用型本科人才培养目标及与之相适应的教学特点,精心设计写作体例,科学安排知识内容,围绕应用讲授理论,做到"基础知识够用、实践技能实用、专业理论管用"。同时注意适当融入新理论、新技术、新工艺、新成果,并且制作了与本书配套的PPT多媒体教学课件,形成立体化教材,供教师参考使用。

《"十三五"应用型本科院校系列教材》的编辑出版,是适应"科教兴国"战略对复合型、应用型人才的需求,是推动相对滞后的应用型本科院校教材建设的一种有益尝试,在应用型创新人才培养方面是一件具有开创意义的工作,为应用型人才的培养提供了及时、可靠、坚实的保证。

希望本系列教材在使用过程中,通过编者、作者和读者的共同努力,厚积薄发、推陈出新、细上加细、精益求精,不断丰富、不断完善、不断创新,力争成为同类教材中的精品。

第 2 版前言

"十四五"时期,我们要加快构建以国内大循环为主体、国内国际双循环相互促进的新发展格局。这既应对了国际环境深刻变化,也是我国在当前阶段的主动选择,更是对"十四五"期间,乃至更长时期保持我国经济持续健康发展,重塑我国参与国际合作和竞争新优势的重要战略部署。2017 年 5 月,来自"一带一路"沿线的 20 个国家的青年评选出了中国的"新四大发明":高铁、支付宝、共享单车和网购。在这其中就有 3 个发明与电子商务有关。因此可以说电子商务不仅正在改变中国人的生活方式,而且中国的电子商务也在悄然地改变全世界对中国人的印象。2020 年 11 月 11 日 24 时 00 分,2020 天猫"双 11"全球狂欢季实时物流订单总量定格在 23.21 亿单,总成交额 4 982 亿人民币,约合 741 亿美元。参与 2020 天猫"双 11"全球狂欢节活动的,有 25 万余个品牌和 500 万个商家,折扣商品达到 1 600 万款;接近 8 亿用户在活动期间来到会场,展现出旺盛的消费热情。不仅中国内贸电商发展势头强劲,中国跨境电商发展势头同样迅猛。阿里巴巴全球速卖通平台产品出口覆盖全球 230 余个国家和地区,海外买家数量突破 1.5 亿,是中国品牌出海的首选平台。同期京东在"双 11"总成交额 2 715 亿元,创近年来新高。同属阿里巴巴集团旗下的电子商务平台,淘宝是中国较大的内贸电子商务交易平台之一;全球速卖通是较大的跨境电子商务交易平台之一。规则易懂、操作简单、门槛较低、货源充足是这两个交易平台共同的特点。本书为了提升学生的就业能力和创业能力,使其迅速取得较好的创业效果,主要实操过程均围绕这两个交易平台展开。

本书共分为 3 个模块,包括 14 个实验项目。模块一电子商务基础理论:包括实验项目 1 电子商务概述,实验项目 2 电子商务平台介绍;模块二内贸电商创业实践:包括实验项目 3 线下线上货源、实验项目 4 数据选品、实验项目 5 店铺开通及传品、实验项目 6 物流选择、实验项目 7 客户服务及营销推广、实验项目 8 电商直播及带货;模块三外贸电商创业实践:包括实验项目 9 全球速卖通店铺开通流程及开通条件、实验项目 10 数据分析选品、实验项目 11 标题制作及定价、实验项目 12 营销活动设置、实验项目 13 跨境物流及客服、实验项目 14 国际支付及注意事项。

本书编写过程中着重实用性、易操作性、创新性和实践性:

(1)实用性。本书主要以提升大学生创业能力及以学生能够开通并运营店铺为主要目的,突出实用性。本书不仅能为大学创业课程的开设提供素材,也可为大学生创业提供前期的基础培训教材。

（2）易操性。本书以作者的店铺为蓝本，按照开店流程和店铺运营步骤，运用图片加文字进行说明，图文并茂，操作简单。

（3）创新性。本书的主要内容来源于作者真实的淘宝店铺和全球速卖通店铺，书中内容紧跟平台政策变化，保证学生掌握最前沿的知识和技能。本书改变传统教材"章、节、目"的结构，以实验项目模块的形式，按照流程介绍，利于学生掌握。

（4）实践性。本书的实验项目3线下线上货源部分精选哈尔滨当地各类线下货源市场，在进行图文介绍的同时，准确标注货源地址及交通方式，方便学生实地考察各类商品的市场需求、市场供应现状。

本书由黄秀梅、刘世鹏老师制定大纲，撰写工作由黑龙江财经学院经济学院跨境电商学院的黄秀梅、刘世鹏、吴征、苏庆艳、刘爽、孙惠娟老师共同完成。本书以黑龙江财经学院经济学院跨境电商学院的教师和学生（国际经济与贸易专业2018级尹梦琪、潘文杰、刘小杉、施筱雅和盖程琳等同学，2019级毛涵同学等）进行创业实践时开通的淘宝店铺、公众号及全球速卖通店铺为蓝本。实验项目1和实验项目2由苏庆艳老师完成，实验项目3、实验项目5由吴征老师完成，实验项目4、实验项目6和实验项目7由黄秀梅老师完成，实验项目8、实验项目9、实验项目13由孙惠娟老师完成，实验项目10、实验项目11和实验项目12由刘爽老师完成；实验项目14由刘世鹏老师完成。

本书以黑龙江财经学院经济学院跨境电商产业学院近两年校企合作电商项目的研究成果为蓝本，是黑龙江省教育科学"十三五"规划2020年度重点课题"产教融合背景下基于OBE理念的跨境电商产业学院人才培养模式研究"（课题编号GJB1320254）的成果之一。

黑龙江财经学院于长福校长和庹莉副校长在本书编写过程中多次提供指导和修改意见，创业项目实验过程中得到潘小敏老师和吴红蕾老师的指导和帮助，在此表示感谢。本书在编写过程中参考并引用了相关的文献资料，在此向相关的作者表示谢意。由于作者水平有限，书中的不足及疏漏之处恳请各位专家及读者批评指正，以便今后修改和完善。

编　　者

2020年11月

目 录

模块一 电子商务基础理论

实验项目1 电子商务概述 ………………………………………………………… 3

实验项目2 电子商务平台介绍 …………………………………………………… 15

模块二 内贸电商创业实践

实验项目3 线下线上货源 ………………………………………………………… 27

实验项目4 数据选品 ……………………………………………………………… 54

实验项目5 店铺开通及传品 ……………………………………………………… 87

实验项目6 物流选择 ……………………………………………………………… 103

实验项目7 客户服务及营销推广 ………………………………………………… 123

实验项目8 电商直播及带货 ……………………………………………………… 140

模块三 外贸电商创业实践

实验项目9 全球速卖通店铺开通流程及开通条件 ……………………………… 149

实验项目10 数据分析选品 ………………………………………………………… 158

实验项目11 标题制作及定价 ……………………………………………………… 166

实验项目12 营销活动设置 ………………………………………………………… 175

实验项目13 跨境物流及客服 ……………………………………………………… 198

实验项目14 国际支付及注意事项 ………………………………………………… 217

参考文献 …………………………………………………………………………… 221

模块一　电子商务基础理论

实验项目 1

Chapter 1

电子商务概述

实验目的:了解电子商务的含义、特点、分类和发展现状。
实验任务:浏览各个模式下有代表性的电子商务网站。

1.1 电子商务的含义

电子商务分为狭义的电子商务和广义的电子商务两种,二者的关系如图 1.1 所示。

狭义的电子商务(E-Commerce)主要是指运用互联网开展的商务交易或与商务交易直接相关的活动。

广义的电子商务(E-Business)指运用 IT 技术对整个商务活动实现电子化。E-Business 是利用 Internet(互联网)、Intranet(内联网)和 Extranet(外联网),或移动网络等各种不同形式的网络以及其他信息技术进行的所有的企业活动。

图 1.1 狭义电子商务与广义电子商务的关系

1.2 电子商务的特点

电子商务与传统商务方式不同,它是在传统商务的基础上发展起来的,是综合运用信息技术,以提高贸易伙伴间商业运作效率为目标,将一次交易全过程中的数据和资料用电子方式实现,在商业的整个运作过程中实现交易无纸化、直接化,从根本上精简商业环节、降低运营成本、提高运营效率、增加企业利润、优化社会资源配置,从而实现社会财富的最大化利用的一种商务活动。因此,它与传统的商务活动相比,具有以下的特点:时间无限化、市场全球化、交易虚拟化、成本降低化、过程高效化、流程透明化、服务个性化等。

1.2.1 时间无限化

传统商务总是受人们作息时间的限制,通常只能提供固定工作日和固定工作时间的运营和服务,而电子商务借助网络虚拟平台,可使厂商真正提供昼夜不间断的服务和全天候的营业,方便服务客户和优化服务。例如,午夜时分我们依然可以登录淘宝、天猫或任何一家购物网站选购商品。

1.2.2 市场全球化

电子商务不仅跨越时间,也跨越了空间,拥有无地域界限的全球市场,这是因为其所凭借的主要媒体——互联网具有全球性的本质。跨国经营不只是大企业、大公司才能做到,无论在哪个国家或地区,中小企业,甚至小微企业只要能接入国际互联网络,都可以方便地使用国际互联网所提供的各种服务,享用国际互联网上庞大的全球信息资源,并进入全球市场。例如,中国化工网建有国内最大的化工专业数据库,是化工企业获取资讯、寻找商机、扩大知名度、寻找合作的首选平台。

1.2.3 交易虚拟化

电子商务以电子虚拟市场作为其运作空间,通过网络就可以完成选取商品、交易洽谈、订单签订和电子支付,利用虚拟的交易方式打破了传统企业间明确的组织,整个交易演变为电子化、数字化、虚拟化,实现在线经营。例如,我们在当当网上选中了自己喜欢的书籍,点击确认,通过网上银行付款,然后我们就在家等快递送书上门。

1.2.4 成本降低化

电子商务使得买卖双方的交易成本大大降低,具体表现在:

第一,在交易前,卖方可通过互联网络进行产品介绍、宣传,避免了在传统方式下做广告、发印刷品等大量费用;距离越远,网络上进行信息传递的成本相对于信件、电话、传真而言就越低。此外,缩短时间及减少重复的数据录入也降低了信息成本。

第二,在交易进行中,买卖双方通过网络进行商务活动,无须中介者参与,减少了交易的有关环节;另外,电子商务实行"无纸贸易",可减少约90%的文件处理费用;互联网使买卖双方即时沟通供需信息,使无库存生产和无库存销售成为可能,从而使库存成本降为零。

1.2.5 过程高效化

由于互联网将贸易中的商业报文标准化,使商业报文能在世界各地瞬间完成传递与计算机自动处理,原料采购、产品生产、需求与销售、银行汇兑、保险、货物托运及申报等过程无须人员干预,将在最短的时间内完成。传统贸易方式中,用信件、电话和传真传递信息,必须有人的参与,且每个环节都要花不少时间。有时由于人员合作和工作时间的问题,会延误传输时间,失去最佳商机。电子商务克服了传统贸易方式费用高、易出错、处理速度慢等缺点,极大地缩短了交易时间,使整个交易非常快捷与方便。

1.2.6 流程透明化

电子商务可以使买卖双方的整个交易过程都通过网络进行。通畅、快捷的信息传输方便了各种信息之间互相核对,有助于防止伪造信息的流通。例如,网络购物可以随时查找订单的进程,并且可以查到货物送达的时间和地点。

1.2.7 服务个性化

电子商务企业可以利用电子商务向客户提供个性化的服务。个性化消费将逐步成为消费的主流,消费者希望以个人心理愿望为基础,购买个性化的产品及服务,甚至要求企业提供个性化的定制服务。主要包括三方面的内容:一是需求的个性化定制。由于自身条件的不同,客户对商品和服务的需求也不尽相同,因此如何及时了解客户的个性化需求是首要任务。二是信息的个性化定制。互联网为个性化订制信息提供了可能,也预示着巨大的商机。三是对个性化商品的需要。特别是技术含量高的大型商品,消费者不再只是被动地接受,商家也不仅仅是提供多样化的选择范围了事,消费者可以将个人的偏好加诸商品的设计和制造过程中去。例如,淘宝网上有很多店铺,能专业提供个性化的礼品定制,它可以在T-shirt、杯子、靠垫等各种产品上印制顾客自己喜欢的图案和文字,只需选择产品模版,再上传自己的照片、设计图或添加文字,确认效果后下订单,店铺就可以把客户设计的效果图变成个性化的成品,还会按照客户的要求送到指定的地点。

1.3 电子商务的主要分类

1.3.1 按照参与主体分类

1. B2B 模式

企业与企业之间的电子商务模式(B2B,Business to Business)是指企业通过内部信息系统平台和外部网站将面向上游供应商的采购业务和下游代理商的销售业务有机地联系在一起,从而降低彼此之间的交易成本,提高客户满意度的商务模式,例如,谈判、订货、签约、付款以及索赔处理、商品发送管理等。

企业与企业之间的电子商务是电子商务业务的主体。就目前看,电子商务在供货、库存、运输、信息流通等方面大大提高了企业的效率,电子商务最热心的推动者也是企业。企业和企业之间的交易是通过引入电子商务能够产生大量效益的地方。对于一个处于流通领域的商贸企业来说,由于它没有生产环节,电子商务活动几乎覆盖了整个企业的经营管理活动,是利用电子商务最多的企业。通过电子商务,商贸企业可以更及时、准确地获取消费者信息,从而准确订货、减少库存,并通过网络促进销售,以提高效率、降低成本,获取更大的利益。随着 B2B 平台为中小企业提供信息化管理搭建服务的兴起,解决了中小企业信息化水平落后的障碍,加上物流水平快速发展、支付系统日渐完善,B2B 更是实现了突破性发展。

中国目前 B2B 模式的电商平台中,规模较大的当属阿里巴巴集团旗下的 B2B 旗舰业务。2017 年上半年,阿里巴巴集团旗下的 1688 上线了针对跨境出口电商卖家的跨境专供货源市场,并推出了 1688 工业品品牌站,欲通过数据赋能持续帮助工业品企业实现商品数字化以及电子化渠道体系完善,助力品牌营销。

iiMedia Research(艾媒咨询)发布了《2019—2020 中国企业采购行业研究报告》。报告显示,2019 年中国 B2B 市场交易规模达到 25.94 万亿元。

2. B2C 模式

企业与消费者之间的电子商务模式(B2C,Business to Customer)是指企业与消费者之间依托互联网等现代信息技术手段进行的商务活动。B2C 模式是一种电子化的零售,主要采取在线销售形式,以网络手段实现公众消费或向公众提供服务,并保证与其相关的付款方式的电子化。目前有各种类型的网上商店或虚拟商业中心,向消费者提供从鲜花、书籍、食品、饮料、玩具到计算机、汽车等各种商品和服务,几乎包括了所有的消费品。为了方便消费者,网上商品做成了电子目录,里面有商品的图片、详细说明书、尺寸和价格信息等。网上购买引擎或购买指南可以帮助消费者在众多的商品品牌之间做出选择,消费者对选中的商品只要用鼠标点击,再把它拖到虚拟购物车里就可以了。在付款时,消费者需要输入自己的姓名、家庭住址以及信用卡号码。完成以上操作后,网上购物就算完成。

2020年,面对复杂严峻的国内外环境,我国网络零售市场保持稳健增长,市场规模再创新高。国家统计局数据显示,全国网上零售额达11.76万亿元,比上年增长10.9%。实物商品网上零售额9.76万亿元,同比增长14.8%,占社会消费品零售总额的比重为24.9%,较上年提升4.2个百分点。截至2020年底,商务大数据重点监测的网络零售平台店铺数量为1 994.4万家,同比下降0.8%。其中,实物商品店铺数955.5万家,占比47.9%。15家在境内外上市的我国网络零售和生活服务电商企业总市值达13.59万亿元。其中,拼多多、美团点评、小米、京东、唯品会等多家企业市值较去年同期有较大提升。

3. C2C 模式

个人与个人之间的电子商务模式(C2C,Customer to Customer)是消费者与消费者之间通过互联网进行的个人交易。这种模式使卖方可以主动提供商品上网销售,而买方可以自行选择商品进行购买,为消费者提供了便利与实惠。自1999年中国网上拍卖开始盛行,易趣、淘宝等专业竞买网站相继开通,并得到网民的青睐。目前国内个人商品交易平台比较有代表性和影响力的比如淘宝网(taobao.com),也是亚太地区规模比较大的网络零售商圈。随着淘宝网规模的扩大和用户数量的增加,淘宝也从单一的C2C网络集市变成了包括C2C、团购、分销、拍卖等多种电子商务模式在内的综合性零售商圈。目前已经成为世界范围的电子商务交易平台之一。

4. O2O 模式

O2O,是Online to Offline的缩写,即在线离线/线上到线下,是指将线下的商务机会与互联网结合,让互联网成为线下交易的平台,这个概念最早来源于美国。O2O的概念非常广泛,既可涉及线上,又可涉及线下,可以通称为O2O。

与传统的消费者在商家直接消费的模式不同,在O2O平台商业模式中,整个消费过程由线上和线下两部分构成。线上平台为消费者提供消费指南、优惠信息、便利服务(预订、在线支付、地图等)和分享平台,而线下商户则专注于提供服务。

在O2O模式中,消费者的消费流程可以分解为5个阶段:

第一阶段是引流。线上平台作为线下消费决策的入口,可以汇聚大量有消费需求的消费者,或者引发消费者的线下消费需求。常见的O2O平台引流入口包括:消费点评类网站,如大众点评;电子地图,如百度地图、高德地图;社交类网站或应用,如微信、人人网。

第二阶段是转化。线上平台向消费者提供商铺的详细信息、优惠(如团购、优惠券)、便利服务,方便消费者搜索、对比商铺,并最终帮助消费者选择线下商户、完成消费决策。

第三阶段是消费。消费者利用线上获得的信息到线下商户接受服务、完成消费。

第四阶段是反馈。消费者将自己的消费体验反馈到线上平台,有助于其他消费者做出消费决策。线上平台通过梳理和分析消费者的反馈,形成更加完整的本地商铺信息库,可以吸引更多的消费者使用在线平台。

第五阶段是存留。线上平台为消费者和本地商户建立沟通渠道,可以帮助本地商户维护消费者关系,使消费者重复消费,成为商家的回头客。

5. 直播带货

直播带货,是直播娱乐行业在直播的同时带货,其形式在不断变化,出现直播带货的原因是电商的兴起引起一些娱乐行业的人跟进所致,由此演化而来。直播电商历经几年成长,从一开始只有淘宝和蘑菇街两个平台的参与,发展到成为各电商平台的标配。2020年以来,直播带货成为中国独特的消费盛景。

直播电商作为数字化时代背景下直播与电商双向融合的产物,顺应着技术发展的长期趋势,仍将在满足消费需求的同时对品牌进行重塑和为平台带来新发展,也是数字经济时代下的大势所趋。在看到直播电商繁荣的同时,也要警惕其背后的乱象和泡沫。终究,直播电商会回到其电商的本质,围绕"货"而展开。最终,只有注重提升商品的"品、效",直播电商才能够历久而弥新,增效且长远。商务大数据监测显示,2020年电商直播场次超过2 400万场,累计观看超过1 200亿次,直播带货成为刺激消费的新渠道。

1.3.2 按照空间范围分类

1. 内贸电子商务

内贸电子商务是指交易主体处于同一个国家,通过网络从事商务活动的电子商务模式,也就是在本国范围内进行电子商务活动。其交易的地域范围较大,对软硬件的技术要求较高,要求在全国范围内实现商业电子化、自动化,实现金融电子化,交易各方应具备一定的电子商务知识、经济能力和技术能力,并具有一定的管理水平。运用电子化手段的电子商务与传统商务在很多方面都有区别,如在信息来源、流通渠道、交易对象与时间、销售方式和营销活动方面,尤其是销售地点和服务方式上都有明显区别,两者对比见表1.1。

表1.1 电子商务与传统商务的比较

项目	传统商务	电子商务
信息来源	根据销售商的不同而不同	清晰、透明
流通渠道	企业→各级批发商→零售商→消费者	企业→消费者
交易对象	部分或特定地区	全球
交易时间	规定的工作时间	24小时不间断

续表

项目	传统商务	电子商务
销售方式	利用各种渠道买卖	完全自由交易
营销活动	销售商的单方营销	双向通信、PC、一对
顾客方便度	受时间与地点的限制	无拘无束购物
对应顾客	需长时间掌握顾客需求	迅速捕捉和应对顾客需求
销售地点	需要销售空间（店铺）	虚拟空间（Cyber Space）
服务方式	统一服务	个性化

2. 跨境电子商务

跨境电子商务是指分属不同关境的交易主体，通过电子商务平台达成交易、进行支付结算，并通过跨境物流送达商品、完成交易的一种国际商业活动。基本等同于外贸电商。

跨境电子商务在运营成本、交易过程、贸易价值链上有较大优势，并成为新兴贸易模式之一。在传统贸易受金融危机影响后持续低迷和国家大力提倡发展电子商务的良好背景下，跨境电子商务这一新兴贸易模式将有助于改变我国粗放型出口的现状，稳定货物贸易总值，做大做强服务贸易，在促进对外贸易转型升级方面具有重要意义，也是推动我国从贸易大国走向贸易强国、从加工制造大国转向加工强国甚至于销售强国的一条可行途径。跨境电子商务贸易在交易环节、订单类型、规模和速度、价格与利润、企业规模等方面有着传统贸易无法比拟的优势。两者对比见表1.2。

表1.2 传统贸易模式与跨境电子商务贸易模式比较

类型	传统贸易模式	跨境电子商务贸易模式
业务模式	基于传统商务合同	基于互联网电子商务平台数字化业务
交易环节	烦琐复杂,涉及中间商多	简单轻便,涉及中间商少
订单类型	数量大,订单少但集中,周期略长	数量小,订单多但分散,周期略短
规模和速度	市场规模巨大,但容易受地域贸易保护限制,增加速度已经放缓	市场规模潜力巨大,不受地域贸易保护限制,呈现高速增长的态势
价格与利润	价格高,利润率低	价格低,利润率高
支付手段和争端处理	通过正常贸易支付,具备健全争端处理机制	通过第三方支付,争端处理繁杂且效率低下

续表

类型	传统贸易模式	跨境电子商务贸易模式
对物流要求	以集装箱海运为主,物流因素对交易主体影响小	以邮政物流为主,以航空小包的形式完成,物流因素对交易主体影响大
结汇方式	依据传统国际贸易程序,享受优惠政策通关、结汇和退税	灰色通关或以邮寄物方法通关,通过效率低下,无法享受优惠的退税和结汇政策
企业规模	规模大,企业受资金约束程度较高	规模小,企业受资金约束程度低

1.4 我国电子商务发展现状

1.4.1 我国电子商务市场交易规模

我国电子商务开始于20世纪90年代初期,是以国家公共通信网络为基础,以国家"金关""金桥""金税"和"金卡"四个信息化工程为代表,以外经贸管理服务为重要内容逐步发展起来的。

在2008年,我国电子商务交易额达3.2万亿元,之后保持着逐年递增的势头。2014年电子商务交易额突破10万亿元大关,达到12万亿元,比上一年增长27.66%;2015年电子商务交易额达18.3万亿元,比上一年增长52.5%,这一增长率开创了历年之最;2016年电子商务交易额突破20万亿元大关,达到23万亿元,比上一年增长25.68%;2020年电子商务交易额达37.2万亿元,同比增长4.5%。

自2008年以来,跨境电商的交易规模逐年扩大,近几年以惊人的速度蓬勃发展,并成为我国经济的新型增长热点。我国跨境电子商务交易规模在2008年是0.8万亿元;2010年突破了1万亿元,达到1.3万亿元,年增长幅度达到44.44%;2013年达到3.1万亿元,年增长幅度达到34.78%;2014年达到4.2万亿元,年增长幅度为29.03%,发展增速远远超过同期外贸的增长速度,并呈现更强劲的增长。有统计数据显示,2019年我国跨境电商交易规模高达10.5亿元,同比增长16.7%。在未来几年,随着多项与跨境电商相关政策的出台,在规范跨境电商行业市场的同时,也让跨境电商企业开展跨境电商业务得到了保障,我国在跨境电商时代会成为全球贸易中心。

2008年至2020年(估计值)我国电子商务、跨境电商交易规模及各年增长率详见图1.2。

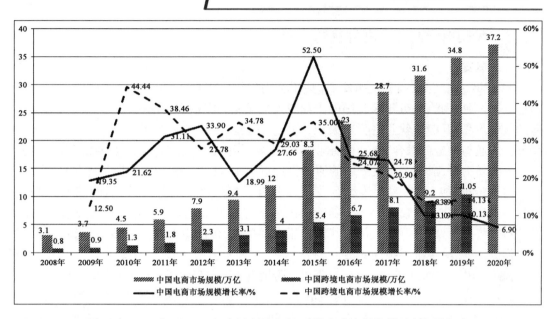

图 1.2　2008 年至 2020 年中国电子商务、跨境电商交易规模及各年增长率

1.4.2　我国电子商务市场交易商品

随着我国"互联网+"政策的推广,在我国网上销售的商品中,商品的门类和品种已经非常齐全和丰富,几乎覆盖了农业、工业等各个产业部门的分类以及关乎百姓生活的各个领域,大到各个行业在生产制造过程中需要的机器设备和零部件、配件;小到百姓衣食住行的生活中需要的一粒米和一针一线;甚至可以毫不夸张地说,"在网络上只有你想不到的商品,没有你买不到的商品"。根据统计数据分析,在网上零售的商品中交易额居前列的主要实物商品为服装、家居家装、家用电器、手机数码、食品酒水、母婴等。

我国的商品不仅在国内市场销售,近几年来更已成功走向国际市场。国外的买家最爱的品类是3C数码、服装服饰、母婴用品、时尚美妆、家居园艺、户外用品等。在"一带一路"沿线国家中,最爱买衣服和化妆品的前5个国家分别是俄罗斯、乌克兰、波兰、白俄罗斯、以色列;最爱买家具类商品的国家是新加坡、以色列和俄罗斯;最爱购买3D打印机、无人机、VR眼镜等电子产品的国家是俄罗斯、土耳其、以色列。

我国内贸电商和跨境电商的交易商品主要门类可参考阿里巴巴集团的1688平台、天猫平台、速卖通平台。

1.4.3 我国电子商务发展的优势分析

1. 政策支持

2015年5月7日,国务院印发了《关于大力发展电子商务加快培育经济发展新动力的意见》,文件中指出,近年来我国电子商务发展迅猛,不仅创造了新的消费需求,引发了新的投资热潮,开辟了就业增收新渠道,为大众创业、万众创新提供了新空间,而且电子商务正加速与制造业融合,推动服务业转型升级,催生新兴业态,成为提供公共产品、公共服务的新力量,成为经济发展新的原动力。近年来,政府不断加大"供给侧改革"力度,旨在通过"互联网+"来实现传统企业转型升级。我国电子商务发展仍保持较快增长。政策继续加持,体系已较为完备。随着中国经济转型发展正跨入"消费升级"全新时代,国内新零售风行,电商巨头向传统零售行业大举扩张,试图以打通线上线下渠道、整合用户数据的方式,给传统零售注入活力。

在跨境电商方面,近年来,政府对于出口跨境电子商务出台了不少政策,2015年6月20日国务院办公厅发布了《关于促进跨境电子商务健康快速发展的指导意见》。2016年3月24日,财政部联合海关总署和国家税务总局共同推出《关于跨境电子商务零售进口税收政策的通知》。2019年底,财政部等部门联合发布《关于调整扩大跨境电子商务零售进口商品清单的公告》,进一步增大享受优惠政策的货物范围,对部分货物实行配额内零关税、法定应纳税额70%的进口部门增值税和消费税以及新增消费需求量大的92个税目。2018年11月,商务部等六部门出台跨境电商零售进口监管政策,在北京等37个城市试点运行,2020年进一步扩大至86个城市及海南全岛。2021年3月商务部等六部门联合印发《关于扩大跨境电商零售进口试点、严格落实监管要求的通知》中明确,将跨境电商零售进口试点扩大至所有自贸试验区、跨境电商综试区、综合保税区、进口贸易促进创新示范区、保税物流中心(B型)所在城市(区域),为未来跨境电商的发展创造了良好的发展机遇。

目前,商务部正在抓紧编制电子商务"十四五"发展规划,在推动电子商务高质量发展过程中,将突出两个重点,即下沉市场和国际合作。包括推进"丝路电商",加强双边电商合作机制建设,促进电商企业对接合作;推动B2B直接出口和出口海外仓享受跨境电商通关便利;培育国家进口贸易促进创新示范区;扩大电子商务进农村覆盖面等,电子商务将迎来更大的发展良机。

2. 货源优势

至2013年时,中国已然成为全球最大的电子商务市场,也是世界第三大的跨境网购市场,宣布着中国正在由"世界工厂"向"世界商店"转变。中国有着优质的货源基地,尤其是服装、箱包、鞋、玩具、小工艺品、3C产品等,这些产品虽然品牌知名度不高,但是拥有自主的知识产权,产品质量好,无论为内贸电商的卖家还是跨境电商的卖家都提供了丰富而优质的货源。

货源整体上可以归为线上和线下两种渠道。在线下货源中,国内最有代表性的就是浙江义乌。义乌是我国小商品的生产地和集散地,义乌市场一直是国内淘宝卖家的采货基地。义乌打造"电商之都",既是整个大环境使然,也是将供给侧结构性改革具体到电商。而义乌作为全国最大最全的网货供应基地之一,也是全国从事电子商务综合条件最好的城市之一。在这个全球最大的小商品集散中心和采购基地,共汇集了20万余家日用消费品生产企业的170多万种商品,有着全国无可比拟的网货资源。除了义乌之外,全国各地尤其是比较发达的省级行政区、直辖市、沿海地区和经济特区等地都有各具规模和各具特色的商品批发市场,比如温州的鞋业批发市场、广州的箱包批发市场以及杭州的婚纱批发市场等都是全国著名的商品批发基地。以省会城市哈尔滨为例,某小商品城东北市场坐落在哈尔滨市,是综合类小商品的批发市场;某服装城是服装(布艺类)的大型批发市场;某食品交易中心是食品类批发市场;某电子大世界是数码电子类产品批发市场;省书刊批发市场是图书音像类商品市场;某国际商品城是包具百货类批发市场;某综合批发交易市场是家居建材类商品批发市场。诸多品类的商品批发交易市场不胜枚举,线下货源极其丰富。

在线上货源中,中国有全球具影响力的电商企业之一——阿里巴巴集团,该集团旗下的子公司1688货源网以批发和采购业务为核心,通过专业化运营,完善客户体验,全面优化企业电子商务的业务模式。目前已覆盖原材料、工业品、服装服饰、家居百货、小商品等16个行业大类,提供从原料采购—生产加工—现货批发等一系列的供应服务。不仅为淘宝卖家提供专属货源,还有专为微商供货的货源,同时还可为跨境出口提供一站式货源服务。

3. 市场优势

在国内市场方面,不断迭代创新是电子商务持续保持旺盛生命力的关键因素,而新技术应用和新模式推广,又是电商创新的鸟之两翼,车之双轮。2019年人工智能虚拟现实大数据、小程序等新技术加快运费体验升级,直播电商、社交电商线上线下融合供应链,跨境电商、海外仓等新模式更好满足了消费选择多元化消费内容个性化的需求。

中国网络零售行业业态百花齐放,众零售业巨头不断加码注资,进军无人零售、生鲜电商、社交电商、精品电商等新兴热门行业。"618"年中大促已有十几年的历史,作为电商狂欢节之一每年表现突出,使网络零售交易规模仍旧保持高速增长。随后下半年各大电商"818""双11""黑五""双十二"等促销节也火热进行。

2021年2月3日,中国互联网络信息中心(CNNIC)正式发布第47次《中国互联网络发展状况统计报告》。各项统计指标显示,截至2020年12月,我国网民规模达到9.89亿,手机网民规模达9.86亿,并且手机上网比例持续提升。截至2020年底中国网络购物用户达到了7.82亿人。自2013年起,我国已连续8年成为全球最大的网络零售市场。2020年,我国网上零售额达11.76万亿元,较2019年增长10.9%。其中,实物商品网上零售额9.76万亿元,占社会消费品零售总额的24.9%。

在国际市场方面,中国生产了丰富的商品,电商平台是连接世界贸易的重要方式之一。许多国家的消费者可以在中国的外贸电商平台上享受和中国消费者一样丰富的商品。电商与普通互联网公司不一样,其所含"商"字便与中国制造息息相关。跨境电子商务的出口市场主要为美国和欧洲市场,近几年巴西、阿根廷、俄罗斯以及东南亚地区等国家市场比较活跃。以速卖通平台为例,目前,速卖通平台出口的主要市场为俄罗斯、美国和巴西,与其他出口平台相比,其最大的优势是价格低,随着速卖通知名度的提升,出口市场越来越多。海关总署统计数据显示,2019年中国跨境电商进出口商品总额达到1 862.1亿元,同比增长38.3%,其中出口为944亿元,进口为918.1亿元,出口量首次超过进口量。在这庞大的数字背后是世界各国对中国产品的巨大需求。目前,中国已经成为全世界最大的电子商务市场,并且中国跨境网购的规模也逐年增加。

随着以国内大循环为主体、国内国际双循环相互促进的新发展格局加快形成,网络零售不断培育消费市场新动能,通过助力消费"质""量"双升级,推动消费"双循环",2021年我国跨境电商市场规模将继续保持高速增长态势。

4. 基础设施建设优势

中国经济的快速发展推动了基础设施的完善和升级,高铁、现代化的桥梁都是中国经济快速发展的产物。中国基础设施占经济的比重比西方国家要高,中国的基础设施占经济的比重大约为9%,而美国和欧洲国家的这一比重大约仅为2.5%。

在"一带一路"背景下,中国开展亚洲公路网、泛亚铁路网规划和建设,与东北亚、中亚、南亚及东南亚国家开通公路通路13条,铁路8条。此外,油气管道、跨界桥梁、输电线路、光缆传输系统等基础设施建设取得成果。2016年11月,中国经营的巴基斯坦南部的瓜达尔港正式投入使用,2016年11月12日,由60多辆货车组成的中巴经济走廊联合贸易车队经过15天的行程,跨越3 115千米,从中国新疆的喀什市穿过巴基斯坦全境到达瓜达尔港,这批货物在瓜达尔港装船后出口至包括中东和非洲在内的海外市场,这条通道的开通使货物由内陆运往中东和非洲市场与以往海运相比缩短了85%的运输里程。这些基础设施的建设,将有助于我国跨境电商产品的出口运输,解决跨境物流的瓶颈问题。

以中国最大的小商品集散地义乌为例,"一带一路"倡议为义乌开拓国际市场也创造了大好机遇。2017年伊始,满载各类货物的X8024/X8065次中欧班列(义乌至伦敦)从义乌西站始发首次驶往英国伦敦。这是继开通至中亚五国、马德里、德黑兰、俄罗斯、阿富汗、白俄罗斯、里加等线路后,从义乌始发的第8条铁路国际联运线路。从两年多前中欧班列(义乌至马德里)开通以来,义乌小商品走向海外便驶上了快车道。

实验项目 2
Chapter 2

电子商务平台介绍

实验目的:初步认识内贸电商和外贸电商的主要平台。
实验任务:浏览内贸电商和外贸电商主要平台的官网。

2.1 内贸电商平台

2.1.1 B2B 模式平台

该模式通常称为中立的第三方交易平台模式,是指由买卖双方之外的第三方投资建立的网上交易网站。这类网站本身并不提供任何交易的商品,而是为买家和卖家提供贸易平台。由于这类网站往往集中了大量的采购商和供应商,构建了包括众多卖主的店面在内的企业广场和拍卖场,因此交易非常活跃。B2B 模式平台的典型代表是阿里巴巴 1688 平台和拼多多批发平台。

1. 阿里巴巴 1688 平台

阿里巴巴 1688 平台(www.1688.com),之前称为阿里巴巴中国交易市场,创立于 1999 年,是中国领先的网上批发平台,汇聚了覆盖普通商品、服装、电子产品、原材料、工业部件、农产品和化工产品等多个行业的买家和卖家。1688 平台为在阿里巴巴集团旗下零售平台经营业务的商家,提供了从本地批发商采购产品的渠道。

阿里巴巴 1688 平台的主打产品"诚信通"是阿里巴巴于 2002 年 3 月 10 日推出的内贸会员制产品。其服务目的是为企业进行搜索优化、生意参谋等智能的电子商务服务;它采取会员制,会员企业每年缴纳固定金额的年费,享受如下服务:基于阿里巴巴网上大市场,提供建站、优先展示、独享买家信息等基础型网络贸易服务;为企业建立诚信档案、提供信用查询及诚信保障等服务;为企业提供采购、物流、贷款等尊享服务。

2. 拼多多批发平台

拼多多平台成立于 2015 年 9 月,是国内移动互联网的主流电子商务应用产品,是专注于拼团购物的第三方社交电商平台,用户通过发起和朋友、家人、邻居等的拼团,可以以更低的价格,拼团购买优质商品。拼多多旨在凝聚更多人的力量,用更低的价格买到更好的东西,体会更多的实惠和乐趣。通过沟通分享形成的社交理念,形成了拼多多独特的新社交电商思维。

拼多多批发是拼多多平台重磅推出的服务于中小企业之间的交易平台,它可以为千万商家提供百万货源,贴合平台真实热销。其业务的定义是服务于中小企业间的交易平台,通过该平台,采购商能够帮助商家获取流量,供货商能为千万商家提供百万货源。拼多多App上热销的商品,基本在拼多多批发都能找到,亿级商品库可供选择。

一方面,拼多多批发面向有批量供货能力的商家开放,商家可将店铺内的商品上传至拼多多批发市场,成为批发供应商,获得一个重要的商品销售渠道。商家可在后台"供货管理"中找到创建入口,零费用开通拼多多批发。另一方面,拼多多批发由平台资深运营、精心挑选、实时比较,平台还提供一系列的售后保障措施,如七天无理由退换、坏果包赔等,让商家可以放心选货源。

2.1.2 B2C 模式平台

B2C 模式平台的典型代表是天猫、京东商城、当当网等网络零售商,当然这些企业自身也充当了网络零售商。

1. 天猫

天猫(英文 Tmall,亦称淘宝商城、天猫商城),是中国最大的企业对消费者购物网站,由淘宝网分离而成,多为知名品牌的直营旗舰店和授权专卖店组成,现为阿里巴巴集团的子公司之一。天猫同时支持淘宝的各项服务,如支付宝、集分宝支付等等。

2012 年 3 月 29 日天猫发布全新 Logo 形象。2012 年 11 月 11 日,天猫宣称 13 小时卖 100 亿元,创世界纪录。天猫是淘宝网全新打造的 B2C 模式平台(商业零售)。其整合数千家品牌商、生产商,为商家和消费者之间提供一站式解决方案。提供 100% 品质保证的商品,7 天无理由退货的售后服务,以及购物积分返现等优质服务。2014 年 2 月 19 日,阿里集团宣布天猫国际正式上线,为国内消费者直供海外原装进口商品。迄今为止,天猫已经拥有 4 亿多买家,5 万多家商户,7 万多个品牌。2015 年天猫"双 11"全球狂欢节交易额为 912.17 亿元。2016 年 11 月 11 日天猫"双 11"再刷全球最大购物日记录,单日交易 1 207 亿元。2017 年天猫"双 11"全球狂欢节交易额在 7 小时 22 分 54 秒达 912 亿元,超过 2015 年"双 11"全天。

天猫的商品数目在近几年内有了明显的增加,从汽车、计算机到服饰、家居用品、家装建材,分类齐全,还设置网络游戏装备交易区。更有百余家的 B2C 独立网站进驻天猫,包括当当网,当当网带入全部自营类目,包括数十万种图书品类和百货品类入驻天猫,售价实现同步。天猫对入驻的商家,非常注重品牌的影响力和经营实力,以及入驻企业的资质。

2. 京东商城

京东商城于2004年成立,是中国最大的自营式电商企业,全称是北京京东世纪贸易有限公司,是一家集团公司(以下简称京东集团),京东集团旗下设有京东商城、京东金融、拍拍网、京东智能、O2O及海外事业部。2014年5月,京东集团在美国纳斯达克证券交易所正式挂牌上市,是中国第一个成功赴美上市的大型综合电商平台。

2016年始,京东集团全面推进落实电商精准扶贫工作,通过品牌品质、自营直采、地方特产、众筹扶贫等模式,在832个国家级贫困县扩展合作商家超过6 000家,上线贫困地区商品超过300万个,实现扶贫农产品销售额超过200亿元。2016年,京东集团市场交易额达到9 392亿元。京东集团是中国收入规模最大的互联网企业。2017年7月,京东集团再次入榜《财富》全球500强,位列第261位,成为排名最高的中国互联网企业,在全球仅次于亚马逊和Alphabet,位列互联网企业第三。截至目前,京东集团拥有超过十余万名正式员工,并间接拉动众包配送员、乡村推广员等就业人数几百万。依托强大的物流基础设施网络和供应链整合能力,京东集团大幅提升了行业运营效率,降低了社会成本。在品质电商的理念下,京东集团优化电商模式,精耕细作,反哺实体经济,进一步助力"供给侧改革"。京东集团以社会和环境为抓手整合内外资源,与政府、媒体和公益组织协同创新,为用户、为合作伙伴、为员工、为环境、为社会创造共享价值。

京东集团业务涉及电商、金融和物流三大板块。

主营的电商业务京东商城已成长为中国较大的自营式电商企业,保持了远快于行业平均增速的增长,依据目前的发展速度将成为中国较大的B2C电商平台之一。京东商城致力于打造一站式综合购物平台,服务中国亿万家庭,3C、家电、消费品、服饰、家居家装、生鲜和新通路(B2B)全品类领航发力,满足消费者多元化需求。

在传统优势品类上,京东商城已成为中国较大的手机、数码、计算机零售商,超过其他任何一家平台线上线下的销售总和。京东商城已成为中国线上线下较大的家电零售商,占据国内家电网购市场份额的一半以上。京东超市已成为线上线下第一超市,助力数百个快消品牌实现总销售额过亿。近些年京东商城服饰销售额年均增长率超过100%,增速是行业平均增速的2倍以上。京东商城家居家装是中国品质家居生活首选平台,合作数万商家,成为国内线上线下最大的家居家装零售渠道。2016年京东商城积极布局生鲜业务,致力于成为中国消费者安全放心的品质生鲜首选电商平台,目前已在300余个城市实现自营生鲜产品次日达。新通路重释渠道价值,为全国中小门店提供正品行货;为品牌商打造透明、可控、高效的新通路,已打造百万家线下智慧门店——京东便利店。

京东金融集团,于2013年10月开始独立运营,定位为金融科技公司。京东金融依托京东生态平台积累的交易记录数据和信用体系,向社会各阶层提供融资贷款、理财、支付、众筹等各类金融服务。京东金融现已建立十大业务板块,分别是供应链金融、消费金融、众筹、财富管理、支付、保险、证券、金融科技、农村金融、海外事业。京东金融 App,为用户提供了"一站式金融生活移动平台",涵盖了目前理财加消费的金融产品。2017 年 6 月,京东金融重组完成交割。

京东集团于 2017 年 4 月 25 日正式成立京东物流子集团,以更好地向全社会输出京东物流的专业能力,帮助产业链上下游的合作伙伴降低供应链成本、提升流通效率,共同打造极致的客户体验。目前,京东物流拥有中小件、大件、冷链、B2B、跨境和众包(达达)六大物流网络,凭借这六张大网在全球范围内的覆盖以及大数据、云计算、智能设备的应用,京东物流打造了一个从产品销量分析预测到入库出库再到运输配送各个环节无所不包、综合效率最优、算法最科学的智能供应链服务系统。

截至 2020 年 9 月 30 日,京东物流在全国运营超过 800 个仓库,包含云仓面积在内,京东物流运营管理的仓储总面积约 2 000 万平方米。目前,京东物流已投入运营 30 座"亚洲一号"智能物流园区以及超过 70 座不同层级的无人仓。京东物流大件和中小件网络已实现大陆行政区县近 100% 覆盖,90% 区县可以实现 24 小时达,自营配送服务覆盖了全国 99% 的人口,超 90% 自营订单可以在 24 小时内送达。另外,京东物流还通过一系列技术创新,研发并推广创新环保材料,全方位打造了"时效、环保、创新、智能"的绿色物流体系。

2.1.3 C2C 模式平台

C2C 模式平台的典型代表是淘宝网和拼多多。

1. 淘宝网

淘宝网(http://www.taobao.com)是亚太地区较大的网络零售商圈,由阿里巴巴集团在 2003 年 5 月创立。淘宝网是中国深受欢迎的网购零售平台,随着规模的扩大和用户数量的增加,淘宝网也从单一的 C2C 网络集市变成了包括 C2C、团购、分销、拍卖等多种电子商务模式在内的综合性零售商圈。目前已经成为世界范围的电子商务交易平台之一。淘宝网致力于推动"货真价实、物美价廉、按需定制"网货的普及,帮助更多的消费者享用海量且丰富的网货,获得更高的生活品质;通过提供网络销售平台等基础性服务帮助更多的企业开拓市场、建立品牌,实现产业升级;帮助更多胸怀梦想的人通过网络实现创业就业。新商业文明下的淘宝网,正走在创造 1 000 万就业岗位这下一个目标的路上。

淘宝网不仅是中国深受欢迎的网络零售平台,也是中国的消费者交流社区和全球创意商品的集中地。淘宝网在很大程度上改变了传统的生产方式,也改变了人们的生活消费方式。不做冤大头、崇尚时尚和个性、开放擅于交流的心态以及理性的思维,成为淘宝网上崛起的"淘一代"的重要特征。淘宝网多样化的消费体验,让"淘一代"乐在其中:团设计、玩定制、赶时髦、爱传统。

2. 拼多多

拼多多是国内移动互联网的主流电子商务应用产品。拼多多成立于2015年9月，2018年7月26日在美国上市，以水果、零食、纸巾等生鲜快消品起家，是以熟人分享拼购为特色的社交电商平台，至今发展成为一个全品类的平台。

旨在凝聚更多人的力量，用更低的价格买到更好的东西，让买家体会更多的实惠和乐趣。通过沟通分享形成的社交理念，形成了拼多多独特的新社交电商思维。

2.1.4 O2O模式平台

O2O模式平台的典型代表是大众点评网和百度糯米网。

1. 大众点评网

大众点评网于2003年4月成立于上海。大众点评是中国领先的本地生活信息及交易平台，也是全球最早建立的独立第三方消费点评网站。大众点评不仅为用户提供商户信息、消费点评及消费优惠等信息服务，同时亦提供团购、餐厅预订、外卖及电子会员卡等O2O交易服务。

2015年10月8日，美团网与大众点评网宣布合并。大众点评网与美团网联合发布声明，宣布达成战略合作并成立新公司。新公司成为中国O2O领域的领先平台。

作中国领先的生活服务电子商务平台，公司拥有美团、大众点评、美团外卖等消费者熟知App，服务涵盖餐饮、外卖、生鲜零售、打车、共享单车、酒店旅游、电影、休闲娱乐等200多个品类，业务覆盖全国2 800个县区市。

2020年10月，公司名称简化为美团。当前，美团战略聚焦"Food + Platform"，正以"吃"为核心，建设生活服务业从需求侧到供给侧的多层次科技服务平台。美团正着力将自己建设成一家社会企业，希望通过和党政部门、高校及研究院所、主流媒体、公益组织、生态伙伴等的深入合作，构建智慧城市。

2. 百度糯米网

百度糯米，前身为人人网旗下的糯米网，2014年1月百度全资收购糯米网并在2014年3月6日将其更名为百度糯米。经过多年发展，百度糯米已经发展成为国内领先的本地生活服务平台，服务覆盖包括美食、电影、酒店、旅游、火车票、机票、充值、外卖、婚庆、鲜花、房产、招聘、本地购物、到家(搬家、开锁、家政、电器维修……)等三百六十行。

利用百度人工智能、大数据等优势，百度糯米针对三百六十行中小、微商户提供覆盖3~5千米本地商圈的移动互联网营销服务及智能营销解决方案，推动商户精准获客、高效运营老客户，完成了从传统团购平台到线上线下场景和流量的本地商户营销平台的成功转型。

而依托背后百度提供的整体协同优势，百度糯米可以为平台商户提供多个亿级用户的入口资源，同时可以通过大数据让商户更懂用户，以极致化的用户体验为商户提高运营效率。

而利用人工智能、大数据等优势,百度糯米打造的"智慧餐厅"、"智慧酒店"、KTV营销赋能系统,同时采用AR、VR技术,直播等时下最流行的方式开启智能营销解决方案,推动各行业商户精准、高效运营,提供更便捷、高品质的用户体验。同时,通过技术开放和生态布局,践行着"生态共赢"理念,得到业内外人士的认可,在改变市场格局方面正在展现强劲的竞争力。

2.1.5 直播带货平台

1. 抖音短视频平台

抖音短视频(抖音)App是由今日头条孵化的一款音乐创意短视频社交软件,该软件于2016年9月20日上线,是一个面向全年龄的短视频社区平台。通过抖音App可以分享生活,同时也可以在这里认识更多朋友,了解各种奇闻趣事。

抖音实质上是一个面向全年龄的短视频社区平台,用户可以选择歌曲,配以短视频,形成自己的作品。它与小咖秀类似,但不同的是,抖音用户可以通过视频拍摄快慢、视频编辑、特效(反复、闪一下、慢镜头)等技术让视频更具创造性,而不是简单的对嘴型。

抖音平台以都市用户为主,从购买力角度来看,其内容质量较高;从服务角度来看,抖音在电商交易闭环的打造上,上线了自有店铺"鲁班电商",推出了服务平台"抖音星图"。目前抖音直播电商内容正在逐步完善,大众主播正在焕发巨大活力,尤其是抖音流量分发模式,使得头部视频的商品容易爆红,实现高流量下的高触达转化率,再加上5G时代的来临,技术革命也将给抖音直播电商带来无限可能性。

2. 快手短视频平台

快手短视频App是北京快手科技有限公司旗下的产品。快手的前身,叫"GIF快手",诞生于2011年3月,最初是一款用来制作、分享GIF图片的手机应用。2012年11月,快手从纯粹的工具应用转型为短视频社区,成为用户用于记录和分享生产、生活的平台。后来随着智能手机的普及和移动流量成本的下降,快手在2015年以后迎来市场。在快手上,用户可以用照片和短视频记录自己的生活点滴,也可以通过直播与粉丝实时互动。快手的内容覆盖生活的方方面面,用户遍布全国各地。在这里,人们能找到自己喜欢的内容,找到自己感兴趣的人,看到更真实有趣的世界,也可以让世界发现真实有趣的自己。

2016年初,快手上线直播功能,并将直播低调地放在"关注"栏里,直播在快手仅为附属功能。

2.2 外贸电商平台

2.2.1 B2B 模式平台

1. 阿里巴巴国际站平台

阿里巴巴国际站成立于1999年,是阿里巴巴集团的第一个业务板块,是全球最大的跨境贸易 B2B 数字化贸易出口平台。阿里巴巴国际站累计服务 200 余个国家和地区的超过 2 600 万活跃企业买家,近三年支付买家的复合增长率超过100%。现已成为全球领先的企业间电子商务平台。阿里巴巴国际站以数字化格局技术与产品,重构跨境贸易全链路,精准匹配跨境贸易买卖双方业务需求,为其提供数字化营销、交易、金融及供应链服务。阿里巴巴国际站致力于让所有的中小企业成为跨国公司。打造更公平、绿色、可持续的贸易规则。提供更简单、可信、有保障的生意平台。它始终以创新技术为内核,高效链接生意全链路,用数字能力普惠广大外贸中小企业,加速全球贸易行业数字化转型升级。未来几年,阿里巴巴国际站将赋能全球 3 000 万活跃中小企业,实现全面无纸化出口、货通全球。

2. 敦煌网

敦煌网(DHgate),官网 http://seller.dhgate.com,是国内较早为中小企业提供 B2B 网上交易的网站。它采取佣金制,免注册费,只在买卖双方交易成功后收取费用。据 Paypal 交易平台数据显示,敦煌网是在线外贸交易额中亚太排名第一、全球排名第六的电子商务网站。作为中小额 B2B 海外电子商务的创新者,敦煌网采用 EDM(电子邮件营销)的营销模式低成本高效率地拓展海外市场,自建的 DHgate 平台,为海外用户提供了高质量的商品信息,用户可以自由订阅英文 EDM 商品信息,第一时间了解市场最新供应情况。2013 年,敦煌网新推出的外贸开放平台实质上是一个外贸服务开放平台,而敦煌网此举应该是在试探外贸 B2B"中大额"交易。通过开放的服务拉拢中大型的制造企业,最终引导它们在线上交易。在敦煌网,买家可以根据卖家提供信息来生成订单,可以选择直接批量采购,也可以选择先小量购买样品,再大量采购。这种线上小额批发一般使用快递,快递公司一般在一定金额范围内会代理报关。

2.2.2 B2C 模式平台

目前我国 B2C 模式的跨境电商平台的典型代表是阿里巴巴集团旗下的全球速卖通(AliExpress)平台。

全球速卖通(http://www.aliexpress.com)正式上线于 2010 年 4 月,是阿里巴巴集团面向全球市场打造的在线交易平台,是阿里巴巴帮助中小企业接触终端批发零售商,小批量多批次快速销售,拓展利润空间而全力打造的融合订单、支付、物流于一体的外贸在线交易平台,被广大卖家称为"国际版淘宝"。全球速卖通面向海外买家,通过支付宝国际账户进行担保交易,并使用国际快递发货,是全球第三大英文在线购物网站。全球速卖通客户买家遍及 220 多个国家和地区;覆盖服装服饰、3C、家居、饰品等等共 30 个一级行业类目;海外买家流量超过 5 000 万人次/日。2015 年"双 11"期间,跨境出口共产生 2 124万笔订单,全球每一百人就有一人浏览了全球速卖通,出口覆盖了 214 个国家和地区,"双 11"期间最畅销的商品是数码 3C、服饰、箱包、母婴、家居、美妆、饰品、假发、汽车配件。

2020 年,全球速卖通平台中国海外仓数量已超 1 800 个,在海外处于停工停产的局面下,能全面恢复生产,对外供应物资,全球速卖通的零售小包,不受海关出口限制,实现了贸易市场的大反转。2020 年的"双 11",西班牙站与去年同期其他国家站相比经济增长 60%。2021 年,全球速卖通平台更是达成了已经可以支持全球 51 个国家的当地支付方式的目标。在"一带一路"的背景下,全球速卖通在跨境贸易的道路上日新月异,稳步前进。

2.2.3　C2C 模式平台

1. Wish

Wish 官网地址是 http://www.merchant.wish.com,2011 年成立于美国旧金山硅谷,Wish 一直做的是移动端的购物平台。移动端最大的特点就是"随时随地随身",进而带来碎片化需求。Wish 的创始人最初在推出这款 App 产品的时候,考虑市面上缺少专注于产品展示和推荐的购物应用,因此推出 Wish 来帮助用户管理数据,希望能通过一种算法将消费者与想要购买的物品连接起来,力求达到无障碍连接用户和内容。Wish 每次只根据用户喜好推送少量产品,不影响用户的购物体验,这样对卖家和买家都是极有利的,因为买家在 Wish 平台购物过程中,免受不必要的干扰,而只看到他们可能会购买的商品,直接而快速的购物体验让他们感觉更愉悦。对于卖家来说,Wish 推送的产品是买家最有可能购买的产品,这样无疑提高了他们产品的转化率,对于中小卖家来说,Wish 这种个性化的推送产品方式更具优势,取悦客户满足客户购物体验的同时,最终也可能会鼓励销售。

2. Amazon

Amazon(中文名为亚马逊),官网 http://www.amazon.com,是美国最大的一家网络电子商务公司,也是网络上最早开始经营电子商务的公司之一。亚马逊成立于 1994 年,总部位于华盛顿州的西雅图,目前已成为全球商品品种最多的网上零售商,在公司名下,也包括了 AlexaInternet、a9、lab126 和互联网电影数据库(Internet Movie Database,IMDB)等子公司。在亚马逊平台电商鼓励买家自助购买商品,平台中没有客服可以咨询,平台比较重视向买家展示商品,在买家搜索关键词时,列表里展示的多数为商品,而不是店铺。亚马逊不太重视各种收费广告,买家进入网站后看到的一般都是基于后台数据的关联推荐和排行推荐。而这些推荐的依据一般都是用户的购买记录以及买家的好评度和推荐度。所以,各位卖家可以增加选品种类,优化后台数据,采取措施引导买家留好评等。亚马逊比较重视客户的反馈,这里面包括两点:一个是对商品的评论,另一个是客户对于提供的服务质量的评价等级。商家入驻亚马逊平台没有保证金,没有平台服务费,没有技术服务费,平台收取的只是成交单的提成。当然,它对入驻商家的要求也比较高一些。

模块二　内贸电商创业实践

实验项目 3
Chapter 3

线下线上货源

实验目的：了解货源类型和比较方法。

实验任务：走访线下货源市场；掌握1688货源网的组成模块以及进货方式。

好的开始是成功的一半。

成功的电商创业案例要从寻找到**好货源**开始。**货源**大致可以分为**线下**和**线上**货源两种。

货源一词从字面上来理解，就是指进货或货品的来源。如果用专业一点儿的语言解释就是**进货渠道**。俗话说："男怕入错行，女怕嫁错郎。"这句话用到电子商务再恰当不过了。各行各业都有自己的**禁忌**，作为电子商务平台的卖家，最怕**找不到好的货源**，**选错**网销的商品。其中，进货**价格高**和产品**质量差**是形成日后电商运营困难局面的两个主要**死结**。

那么如何找到价廉质优的好货源呢？——比较是王道！！！

道理说起来容易，但做起来就来要困难得多。**最难**的地方就在于，作为菜鸟，根本**不知道**怎样是价**高**，怎样是价**低**；哪个是质**优**，哪个是质**劣**。

举个"栗子"，作为例子。

通过百某味食品的天猫旗舰店销售的一款"板栗仁80 g×3袋坚果零食特产栗子熟制甘栗仁即食干果"（如图3.1所示）这个例子，让大家理解"比较"的重要性。作为吃货的你，面对包装一样的同厂家的食品，在确认都是正品无假货的前提下，两件商品的口感却有可能大相径庭、南辕北辙，而且到手价格上也有不小的差距。不要以为你是资深吃货就能轻易分辨"栗子"的真伪，如果是没有专业知识储备的菜鸟电商卖家，不可能懂得区分同款商品产地与生产批号的关系。虽然同为百某味的食品，但是产地却有可能是3种完全不同的名称。因此，口味和运费造成的差价就不难理解了。

图 3.1　百某味食品的天猫旗舰店的板栗仁货源图

3.1　线下货源

3.1.1　线下货源比较

一般来说采用**线下货源**作为主要**货源**的电商**卖家**,倾向于在批发商的实体店**进货**后网上销售。比如,哈尔滨市松北新区利民大道 888 号的某小商品城,哈尔滨市南岗区学府路 53 号的某服装城,哈尔滨市道外区南极街 54 号的某食品交易中心,哈尔滨市南岗区南通大街 258 号的某电子大世界,哈尔滨市道外区滨江街 100 号的某书城,哈尔滨市道里区石头道街 58 号的某国际商品城,哈尔滨市道里区新华街道的某市场,哈尔滨市南岗区建设街某鞋城等,这些地区都有线下货源。

从线下选择货源对卖家而言主要的**优点**是货品**库存**数量真实**可控**,**发**货**速度有保证**,后期物流费用(**运费**)有议价空间(**可降**)。而且,线下货源是非常好的获得对畅销商品的感性认识来源,多走线下货源市场有助于电商卖家高效地选择欲销售的商品。

主要**缺点**是占用资金(**压货**),占用空间(**库存**),占用时间(**补货**)。

对于学生电商创业来说,这3个缺点几乎是致命的伤害,但是不代表线下货源就应该完全被放弃。在以下3种情况线下货源比线上货源有优势。

第一种,自己家有生产企业或与生产企业有特殊关系(不需要缴纳代理费),能够拿到产品**出厂价格**。如:食品加工厂、皮具厂等等。

第二种,**临近厂家**,**且**发货量大、物流费用(**运费**)**低廉**。

第三种,做区域性(**同城**)电子商务销售,把线下供货商视为中央仓储,提高发货速度,缓解运费压力。

3.1.2 线下货源分类

对于初级卖家,选择线下货源尽量采用就近原则。选择异地的线下货源市场会存在人员缺乏、进货周期长、交通费用高等问题,而且并不是所有城市都有大型批发市场。遇到这种情况,可以在最近的、有大型批发市场的城市(一般为省会城市)选择货源市场,比如黑龙江省的省会城市哈尔滨。

在选择线下货源市场时,尽量选择规模较大的专业批发市场或综合批发市场,这类货源市场货源充足,品类齐全,店铺多、选择多。正式采购前可以采取现场采风或者使用百度地图 App 中的全景(街景)功能,从货源市场的外观大致判断市场的占地面积、区域划分及发展现状。

1. 综合类

名称:某小商品城东北市场,如图 3.2 所示。

地址:哈尔滨市松北新区利民大道 888 号。

公交:551 路;552 路;553 路;呼兰 108 路;呼兰 9 路(义乌城站)。

图 3.2　某小商品城中门

某小商品城东北市场一期规划占地面积 117 万平方米,总建筑面积约 330 万平方米,总投资人民币 120 亿元。某小商品城东北市场的建成,对于呼兰区、哈尔滨市乃至东北三省的经济发展都产生了一定的影响。某小商品城东北市场主要批发针纺织品、饰品、工艺品、箱包皮具、玩具、家居服饰、小家电、白色家电、黑色家电、日用百货等。

2. 服装(布艺)类

名称:某服装城,如图 3.3 所示。

地址:哈尔滨市南岗区学府路 53 号(近哈尔滨理工大学)。

公交:11 路;31 路;67 路;68 路;83 路;83 路区间;87 路;94 路;98 路;98 路区间;104 路;106 路;114 路;128 路;203 路;209 路;209 路大站快;209 路区间;336 路;343 路;363 路;机场大巴 2 号线;夜 3 路;雨润大市场道外客运站班车;雨润定制 2 路(服装城站)。

图 3.3　某服装城一楼入口

某服装城始建于2000年,商场为4层结构,建筑面积2.5万平方米,有由6部自动扶梯及货梯构成的快捷的运输系统,为及时采集信息,该服装城还设有自己的网站,以先进的电脑网络系统提供优质高效的服务。在经营中全方位提高服务品质,努力在消费者心中树立真诚、高效的公共形象。在激烈的商场竞争中,该服装城努力扩大经营,创新发展,相应调整了原有的经营内容,除了服装、鞋帽、餐饮、娱乐、酒吧,还引进了宝丰药品超市及全国知名的家具床品、窗饰厂家(如图3.4所示),引厂进店,针对服装业的激烈竞争现状,发动业户直接引进广州、石狮等经销商的货源,大大降低了业户的成本费用开支,从而极大地提高了业户的经济效益。未来的某服装城力求在东北地区成为集商品批发、零售为一体的大型商城。

图3.4 家具床品布艺大世界标牌

3. 食品类

名称:某食品交易中心。

地址:哈尔滨市道外区南极街54号。

公交:

方案一:3路;5路;7路;10路;26路;36路;56路;60路;61路;65路;72路;73路;87路;97路;106路;130路;132路;145路;雨润定制2路(南极街站)。

方案二:7路;23路;36路;56路;66路;66路夜间区间车;91路;97路;106路;113路;116路;132路;136路;201路;雨润大市场道外客运站班车;雨润定制2路(南极市场站)。

原某小食品批发市场位于道外区,兴起于1985年,以南极街为场,露天为市,形成第一代专业市场雏形。经过一段时间发展,为了便于管理,第二代大棚式市场应运而生。1992年,哈尔滨某集团响应政府"退路进厅"号召,正式规划、运营以多种商品组合形式与多样化市场交易为主要特征的市场,即第三代专业市场正式登场。进入21世纪以来,现代商业促进了南极市场向国内第四代以商场式环境、科学化管理、完善服务为特征的专业主流市场发展。2008年5月,原某小食品批发市场全部拆除,中国江苏某集团与哈尔滨某集团斥巨资在原址辟建某食品交易中心,着手打造一个43万平方米的集商业、地产、物流于一体的"某商贸城"商圈。某商贸城是集批发、零售、采购、配送及配套物流服务功能于一体的大型展示交易中心,主要包括某商贸城茶文化中心、冷冻食品中心及国际名优食品城三大部分(如图3.5、图3.6所示)。

图3.5　冷冻食品中心入口

图3.6　国际名优食品城入口

4. 数码电子类

名称:某电子大世界,如图 3.7 所示。

地址:哈尔滨市南岗区南通大街 258 号。

公交:3 路;6 路;14 路;33 路;37 路;46 路;53 路;55 路;66 路;66 路夜间区间车;74 路;104 路;105 路;夜 2 路(哈工程大学站)。

某电子大世界成立于 2003 年 1 月,是哈尔滨某大学国家大学科技园旗下的专业 IT 产品卖场,它以哈尔滨某大学为依托,立足哈尔滨,辐射全省,是黑龙江省最大规模的智能化 IT 产品卖场。某电子大世界总营业面积 8 万平方米,可容纳千余家企业入驻,是以计算机及外部设备、电子信息类产品、通信类产品、工业控制产品、仪器仪表、消耗材料、计算机软件等贸易为主要经营方向的电子、微电子产品集散地和科技产品交易中心。经过多年的努力与探索,某电子大世界凭借齐全的硬件设施、专业的技术指导和贴心的营销服务,赢得了广大消费者的一致好评。经过多年的努力与创新,该电子大世界其品牌价值高达到 7.85 亿元,先后被 IT 业界权威部门评为"中国十大明星市场""北方区优秀市场""中华电子十大杰出卖场品牌""中华电子企业最有价值品牌""中国电子专业市场十大明星市场""东北电子卖场领袖品牌""中华 IT 营销创新示范品牌"等多项殊荣,成功地塑造了黑龙江省 IT 龙头卖场的形象,为龙江经济发展做出了卓越的贡献。

图 3.7 某电子大世界正门入口

东区:4F 餐饮区 品牌售后服务区
　　　3F 电子元器件 工具 工控产品 显示屏
　　　2F 二手区 维修区 电脑耗材 软件
中区:4F 电脑散件 网络工程 监控设备 显示屏
　　　3F 电脑散件 网络工程 装机

2F 装机 电脑散件 数码产品

1F 笔记本电脑 品牌机 数码产品

西区:4F 市场事业部 会员服务中心 科技园创业中心

3F 电脑散件 网络工程 装机

2F 电脑耗材 软件 数码产品

1F 数码产品 办公设备 通信设备

三期:4F 电脑散件 装机 监控设备 科技园网络中心 软件中心

3F 电脑散件 装机 电脑外设产品

2F 笔记本电脑 品牌机 电脑耗材 电脑散件

1F 数码产品 办公设备 通信设备

B1 电脑耗材 打印耗材 软件

5.图书音像类

名称:某书城,如图3.8所示。

地址:黑龙江省哈尔滨市道外区滨江街100号(承德街口)。

公交:

方案一:7路;36路;56路;61路;65路;72路;73路;87路;97路;106路;115路;116路;121路;132路;145路(滨江站站)。

方案二:3路;5路;7路;10路;26路;36路;56路;60路;61路;65路;72路;73路;87路;97路;106路;130路;132路;145路;雨润定制2路(南极街站)。

图3.8 某书城入口

某书城内有图书音像发行批发企业161家,如108室黑龙江省华东阁图书发行有限公司,127室黑龙江省慧润图书发行有限公司,226室黑龙江省时光图书经销有限公司等。主要经营各类图书、音像制品。大部分书籍可以拿到7.5折及以下的价格。

6. 包具百货类

名称:某国际商品城,如图3.9所示。

地址:哈尔滨市道里区石头道街58号。

公交:1路;5路;20路;28路;53路;61路;65路;85路;113路;114路;130路;131路;132路;136路;205路;205路通联新车支线(买卖街站)。

图3.9 某国际商品城正门入口

某国际商品城坐落于哈尔滨市道里区商业黄金宝地(南起透笼街,北至石头道街,东起买卖街,西至地段街),与哈尔滨著名的"中央大街"和相比邻的"索菲亚广场"构成一道靓丽的风景线。该国际商品城新增投资9亿元人民币,新增建筑面积11万平方米,设地下2层,地上12层,分两期工程建设,一期工程已于2011年正式投入使用。该国际商品城以展示交易为主体,集商贸、配送、旅游购物、餐饮娱乐为一体,以经营品牌服饰、针纺织品、礼品、工艺品、皮具、箱包、钟表、眼镜、珠宝饰品、水晶饰品、银饰品、玩具、家居、儿童用品等大类别为主,拥有3 000家品牌代理商,16万平方米核心商都,上万个品牌代理,20万款商品汇集。成为辐射中国的东北、内蒙古及日本、韩国等国家和俄罗斯远东地区的商业集散中心。以厂家直销和品牌代理经营为主,以商品批发为核心,采用现代化的交易手段,打造我国北方商业航母!

3.1.3 线下货源选择

线下货源选择的要诀:多走、多看、多问、多记。

线下货源市场为电商卖家带来最直观的商品销售感受,商品价位、质量、种类等信息都可能影响今后的选品乃至店铺的运营。电商说到底是一种服务性行业,作为服务性行业,"勤"是必不可少的关键词。"腿勤""眼勤""嘴勤""手勤"才能领先别人一步。想成为电商达人,别的电商卖家如果货比三家,你要想做得更好就要货比五家,还不够就货比十家。以上各类货源市场只举了一个例子,其实每个类目还有许多备选项。

3.2 线上货源

3.2.1 线上货源比较

线下货源确实存在一些弊端,比如线下拿货方式进货虽然发货速度快,但是要么占用资金需要频繁补货,要么进货成本高,发货速度受制于人。但是,电商卖家通过走访线下货源市场,对商品的类目特点有了比较直观的印象,为后期选品打下了扎实的基础。那么,线上货源市场又有哪些分类和优缺点呢?

一般来说采用线上货源作为主要货源的电商卖家,倾向于在阿里巴巴上代销。主要的优点是进货价格低廉,操作简单,占用资金少。主要缺点是库存数量无法保证,发货时间无法保证,质量无法直接监控。

电商线上货源主要有 3 种,分别为阿里巴巴的 1688 货源网或拼多多批发(门槛低)、天猫供销平台(门槛高)、第三方货源网(风险大)。

3.2.2 线上货源分类

1.1688 货源网(http://www.1688.com)、拼多多批发(http://pifa.pinduoduo.com)

1688 货源网是马云于 1999 年创办的,以批发和采购业务为核心,通过专业化运营,完善客户体验,全面优化企业电子商务的网站。目前该网站已覆盖原材料、工业品、服装服饰、家居百货、小商品等行业大类,提供从原料采购、生产加工、现货批发等一系列的供应服务。1688 货源网对于菜鸟电商卖家来说是最好的练兵场,准入门槛低,适合大学生电商创业。拼多多批发是拼多多旗下官方采购批发平台。2020 年 7 月开始提供直达底价的精选好货,满足货源采购、办公采购、企业购等诉求。1688 货源网与拼多多批发同属 B2B 电商平台,前者日臻完善后者活力无限。本书以前者为主要介绍对象进行讲解。

(1)进入 1688 货源网的模式。

进入 1688 货源网的模式有两种:游客模式进入、淘宝卖家身份进入。

两种进入模式就宛如一个市场的前门和后门,虽然市场是同一个市场,但是分类、层次却各不相同。比如,新手采用游客模式进入 1688 货源网,虽然也能看到商品图文及商品销售价格,但是陈列商品质量良莠不齐,鱼龙混杂,很难分辨,而且价格方面也看不到最终的进货底价。比如,淘宝卖家从"千牛卖家中心"的"货源中心"的"批发进货"入口进入,就能看到部分商品底价,有些商品的底价需要取得代理资格以后才能看到。再比如,淘宝卖家从"千牛卖家中心"的"淘商机"对热销货源进行了筛选和优化,仿佛在花花绿绿的商品上贴上了"专业推荐"的标签,这对于新手买家来说是宝贵的参考意见。成功的案例总有相似之处,不成功的案例各自有各自的不同。无论哪一种方式,请保持一种心态——虚心学习。

(2)进入模式介绍。

第一种,游客模式进入(无须登录)。

在任意浏览器的地址栏中输入http://www.1688.com,然后回车,进入1688货源网如图3.10所示。

图3.10　游客模式进入1688货源网

或者在百度搜索(或其他搜索引擎)的搜索栏中输入"1688",选择"1688货源网官网"字样的网址,点击进入1688货源网(图略)。

第二种,淘宝卖家身份进入。

一种方式是从"卖家中心"的"我订购的应用"的导航栏的"货源中心"的"批发进货"进入https://tao.1688.com,如图3.11和图3.12所示。

图 3.11　淘宝卖家中心入口

图 3.12　淘宝卖家身份进入 1688 货源网

另一种方式是在"千牛卖家中心",找到"淘商机"模块或者直接在浏览器的地址栏输入"taoshangji.taobao.com",如图 3.13 和图 3.14 所示。

图 3.13 "千牛卖家中心"的"淘商机"模块

图 3.14 直接输入网址后出现的"淘商机"界面

(3) 货源网组成模块。

①伙拼。

"伙拼"如图 3.15 所示,是 1688 货源网推出的批发型团购频道。目前,伙拼产品的行业覆盖了服装、母婴、食品、美容、百货、家纺、家装、工业品等几乎全部的产品品类,让所有批发商以低成本、高效率进行网络批发。在伙拼中找低价商品,可以发现高利润的备选商品。"伙拼"中包括大牌代工、办公文化、女装、宠物及园艺、箱包皮具、内衣、3C数码、包装、配饰、个护家清、运动户外、食品生鲜、百货、家装灯饰、家用电器、鞋靴、童装、男装、美护彩妆、玩具、汽车用品等品类。同时,网页版伙拼还支持搜索功能,而移动版的阿里巴巴App不支持伙拼搜索功能。

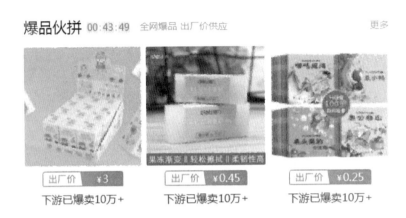

图3.15 选择"爆品伙拼"

网页版的1688货源网有伙拼选项卡,在首页直接点击"爆品伙拼"就可进入图3.16的伙拼首页。

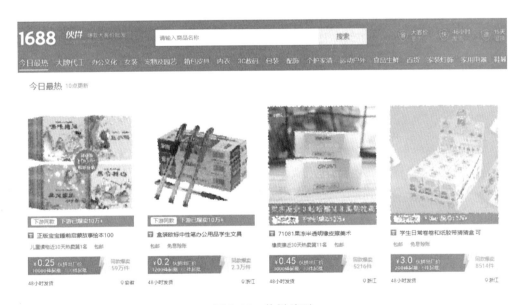

图3.16 伙拼首页

如图 3.17 所示,伙拼商品中,原价 2.6 元每包的柔软抽纸(整提装)面巾纸婴儿家用纸巾卫生纸,伙拼价格只有 0.99 元,价格非常优惠,仅为 3.8 折,并且限时包邮,如图 3.18 伙拼商品详情所示。

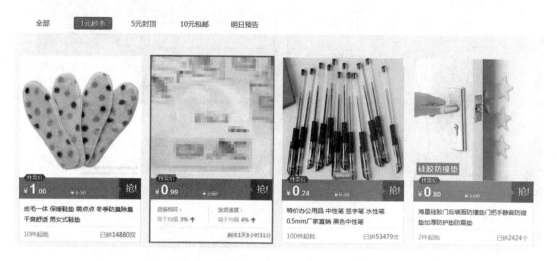

图 3.17　伙拼商品

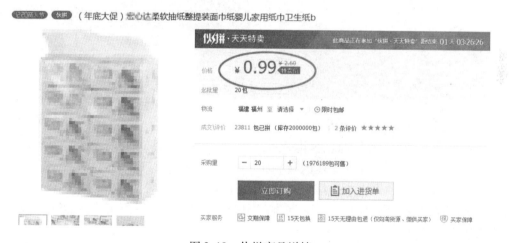

图 3.18　伙拼商品详情

用手机进入伙拼的方式如图 3.19 所示。左侧为手机 1688 货源网首页伙拼选择的位置,右侧为手机伙拼首页。

电商创业实操教程

图 3.19 手机伙拼选择及手机伙拼首页

②淘货源。

再看点击 1688 货源网首页的"淘货源"进入淘货源,如图 3.20 所示。"淘货源"是淘宝卖家专属的货源服务平台、专业的货源批发代发市场,在每日新品、档口好货、进口尖货、淘宝爆款等类目中将货源推荐给铺货,提供缺货必赔、15 天无理由退货等服务。淘货源是最好的淘宝货源风向标,通过查询淘货源的信息,卖家可以了解淘宝的流行趋势和市场需求。

淘货源中部分产品支持一件代发功能,建议创业者选择具有一件代发功能的商家及商品。如图 3.21 所示,图中是淘宝卖家在正常的淘货源搜索中看到的商品,具有一件代发标识。

实验项目3　线下线上货源

图3.20　淘货源

图3.21　锁定商品

以游客身份和淘宝卖家身份浏览同样一个淘货源商品页面是有区别的,区别如图3.22和3.23所示。

如果以游客身份浏览,显示的是图3.22界面,起批数量为两件,此时价格为12元/个。

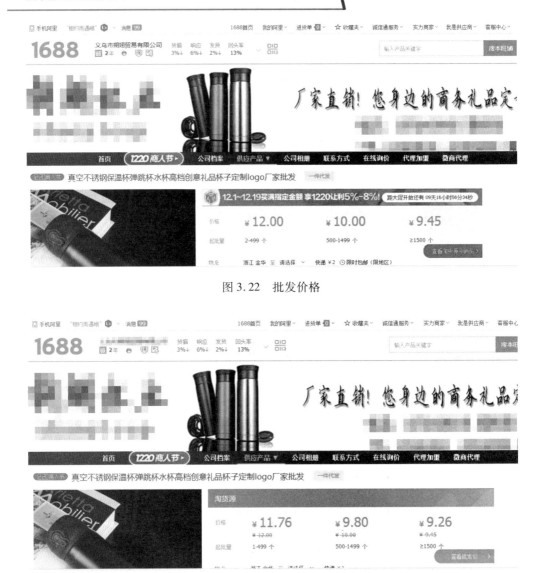

图 3.22　批发价格

图 3.23　分销价格

③淘工厂。

"淘工厂"主要是为电商提供服装代加工服务的模块。学校毕业季有很多班级需要购买定制的统一服装,淘工厂正好能满足这样的需求哦!!! 在大学校园,每年毕业季和求职季都有大量的统一服装和定制服装购买需求,学生创业可以选择,1688 货源网平台提供的淘工厂模块,进行定制加工生产再进行网上销售,或者接受订单按订单需求生产、发货。如图3.24所示,淘工厂流程分为7个步骤:第一步,找到代加工厂;第二步,进行正式生产前的打样(确认工艺、款式、做工、面料);第三步,大货生产准备(支付首款);第四步,面料备齐;第五步,开始车缝;第六步,大货质检;第七步,工厂发货。

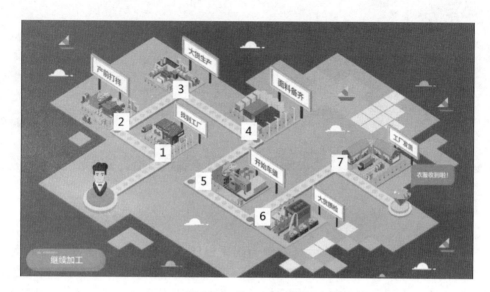

图3.24 淘工厂流程图

④微商专供。

"微商专供"页面是专门为微商平台提供货源的1688货源网供货模块。此模块需要微商使用手机微信移动扫码功能,并安装分销进货工具"采源宝",如图3.25、图3.26所示。

图3.25 微商货源商品页面

电商创业实操教程

图 3.26　采源宝页面

⑤跨境专供。

"跨境专供"（外贸电商货源）是专门为阿里巴巴旗下全球速卖通平台提供货源的 1688 货源网供货模块。跨境专供和微商专供发从本质上与淘货源没有区别，仅仅是将更好地支持海外物流的供应商和支持微信平台的供应商进行了挑选和分类，如图 3.27、图 3.28 所示。

图 3.27　跨境专供

实验项目3 线下线上货源

图 3.28 微商专供

下面以跨境专供的某钟表厂家为例。产品页显示一件代发如图 3.29 所示。

图 3.29 跨境专供案例产品页

但是专属优惠价显示为 lock,因此必须要申请代理资格,如图 3.30 所示。

电商创业实操教程

图3.30 跨境专供案例商品页面

申请分销要满足以下要求,如图3.31所示。

图3.31 跨境专供案例申请分销页面

如果满足以上要求,淘宝卖家就可以点击"申请分销",如图3.32所示。

2. 天猫供销平台

当淘宝店铺达到一定等级后,可在天猫供销平台进货。天猫供销平台的准入门槛非常高,不适合初期创业学生,此处只做简要说明。

进入天猫供销平台前需要电商卖家注册淘宝卖家身份(具体注册淘宝卖家步骤在后面章节介绍)。

第一步,登录。

在注册淘宝卖家成功并登录后,单击"卖家中心",如图3.33所示。

我们提供：

（1）现货库存保证。下午4点之前付款当天发货，默认发申通快递！

（2）一件代发：零加盟费，零代理费，零服务费，加入代理即可享受一件代发。分销分账，让您实现0库存、资金0垫付经营无风险。

（3）数据包：提供产品数据包。

（4）售后保障：成功加入代理可享受签收后退换货政策，前提是产品质量有问题，否则一律不让退货。

（5）价格优势：厂家直供出厂价。

（6）质量保障：从事多年钟表行业，完善的生产线，品控严格，每件产品都经过权威质检。

（7）市场维护：保护广大代理利益，不打价格战。

申请分销

图 3.32　申请分销

图 3.33　卖家中心

第二步，分销管理。

在"卖家中心"页面的左侧导航栏中找到"货源中心"，选择"分销管理"，如图 3.34 所示。

电商创业实操教程

图 3.34　分销管理

第三步,在分销管理界面,进行如下操作。

在支付宝申请企业支付宝认证(在市场监督管理局注册企业、在税务部门登记后)选择"立即申请"。在线申请:①提交入驻资料并签署协议;②供销平台在 15 个工作日内完成审核。激活账号:①登录账号缴纳保证金;②完成初始化,激活账号。最后点击"我要入驻",如图 3.35 所示。

图 3.35　在线申请、激活账号到我要入驻

3. 第三方货源网

因为第三方货源网上"套路"多,所以对创业者来说,不建议选用此种方式。在此只做甄别性比较,不做结论。在百度搜索栏中,输入"货源"一词,会显示许多搜索结果,其中就有许多第三方货源网(平台),这里所说的第三方是相对于天猫供销平台、1688 货源

网和拼多多批发来说的,简单地讲,就是从非正规平台的线上渠道进货在网上销售,这样做的风险很大。

比如搜索结果中有某货源网(如图3.36所示)。

图3.36　某货源网

这些网站都有两个共性特征,一是要进行注册,二是都有代理加盟费。也就是说要代理先交费。注意:凡是要交费,无论交费金额多少都要小心,以免中了第三方平台的连环圈套。

当卖家注册完淘宝店铺后,旺旺或者千牛就会有许多第三方平台主动找上门,希望你能代理他们的产品,从宣传口径上来说,费用不高但是服务特别好,如图3.37所示,客服一般都是按"套路",先问你开店的意愿(因为你既然开通店铺肯定有这方面的意愿),然后告诉你他们这也能代理那也能代理,从男装、女装、童装到首饰、箱包、鞋袜无所不包,通常还有一个确切的数字十几万种或几十万种。我们假设客服说的都是实情,一个能够代理几十种门类、十几万种商品的供货商,手里的货一定不是自己生产的,那么他家的货就要比从货品源头的生产厂家拿货要贵一些。

第二个邀请与第一个类似,如图3.38所示,但是显得更有诚意,向店主提供了营业执照,但是没有正面回答店主的问题——是否是1688的供货商,说明是第三方货源网。经过查询该企业真实存在,但是依然有可能存在消费陷阱,所以大家还是要小心,注意不要落入陷阱。

图 3.37　邀请及对话内容

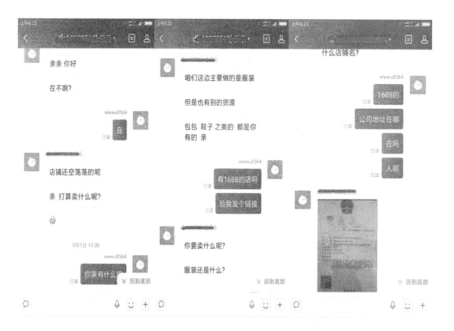

图 3.38　邀请对话二

经过继续沟通,店主决定给客服留一下 QQ 号,进一步考察。注意:当店主给客服留 QQ 号,而不是客服给店主留 QQ 号,能够证明客服身份的证据链就已经断了。

如图 3.39 所示,(新)客服为店主提供了一个第三方供货平台的网址(如图 3.40 所示),并向店主推销了一项代理服务。店主对此进行了两项考查,一是通过比价服务对比了淘宝网、1688 货源网同款商品和该平台的商品价格(比价方法在选品中介绍),结果显示该平台的价格更高;二是通过网络搜索,发现该平台的服务有一些潜在的消费陷阱。但是,这不是最终结论,具体情况还希望大家有自己的判断。

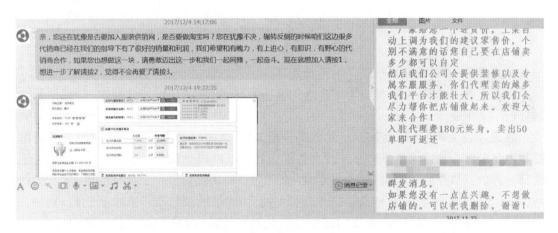

图 3.39　QQ 聊天工具截图

图 3.40　隐藏网址名称的第三方货源网

实验项目 4
Chapter 4

数据选品

实验目的：了解数据分析工具类型及使用方法。

实验任务：分清不同数据分析工具的用途，弄清使用数据分析工具顺序，掌握使用数据分析工具步骤。

数据选品从字面上来理解就是**用数据分析工具，选出**要销售的**商品**。事实上**外贸电商**和**内贸电商**的数据选品方法存在较大**差别**。外贸电商以全球速卖通数据选品为例，绝大部分是依靠数据分析工具如"选品专家"来区分红海商品（竞争激烈的商品）和蓝海商品（竞争不激烈的商品），从而直接选出，这种选品方式能够满足市场需求变化趋势，并且准确选出竞争强度相对较低的畅销商品。与此对应的是，内贸电商在进行数据选品时，首先是根据季节性需求、气候性需求、地域性需求等实际因素来进行主观的筛选或候选，然后再依靠数据分析市场竞争态势和市场的准入条件。

外贸电商数据选品接近全自动化的"武器"系统，往往能够精准捕捉市场潜在的商机；内贸电商数据选品接近于半自动化的"武器"系统，如果很好地发挥人的因素，就能放大"武器"的效能，反之如果人没能发挥其应有的作用，很可能最终导致选品失败。

总而言之，**外贸电商**使用工具**直接**数据选品，**内贸电商**使用工具**间接**数据选品。

无论内贸电商选品还是外贸电商选品，**数据选品应该依据大数据进行**，大数据能够帮助电商了解潜在的市场需求、供应商的意愿、特定商品的价格因素等内容。

21世纪是**大数据时代**，很多人对大数据的理解存在**误区**，认为**数据量多就是大数据，数据量小就不是大数据。事实上**，大数据并不一定是数据量非常大的，大数据中**"大"首先指的是"多维度""多视角"，其次才是数据源的数量**。

举个"栗子"的例子，由甲乙两人分别买了3袋和300袋百某味的板栗仁。同样是百某味的板栗仁，甲手中有3袋，乙手中有300袋，那么能说明乙就掌握板栗仁的大数据了吗？**答案**是**未必**，如果乙的板栗仁的产地和生产批次相同，而甲手里的板栗仁分属不同的产地，甲掌握的3个数据实际上更有数据分析价值。当然，如果乙手里的板栗仁是3

个产地各100袋,那还是乙手里掌握着大数据,不仅数据维度和甲的数据维度持平,而且乙的数据源的数量就更超过甲了。更重要的是乙手里的数据源不仅多,而且还进行了初级数据分组。

从上面的内容我们可以知道三件事:第一,大数据很重要;第二,大数据是多维度的;第三,大数据需要人使用恰当的分析方法。下面讲解电商常用的数据分析工具和分析方法。

4.1 数据筛选工具——百度指数

去哪里找**免费的多维度的**大数据,**并且最好还自带免费的分析工具**呢? 答案是,在互联网时代**搜索引擎**的运营商掌握着关于潜在市场需求的大数据。中国人使用最多的搜索引擎就是**百度搜索引擎**。百度可以说是中国最权威的互联网大数据企业之一。这里向大家推荐"百度指数"作为宏观数据选品工具。

4.1.1 百度指数说明

百度指数是以百度海量网民行为数据为基础的**数据分享平台**,是当前互联网乃至整个数据时代最重要的**统计分析**平台之一,自发布之日便成为众多**企业营销决策的重要依据**。

4.1.2 百度指数作用

百度指数作用是:能够显示某个关键词在百度的搜索**规模**有多大,一段时间内的**涨跌态势**以及相关的新闻舆论**变化**,关注这些词的网民是什么样的(**人群**),分布在哪里(**区域**),同时还搜了哪些相关的词(**关联**),帮助用户优化数字营销活动方案(**依据**)。

4.1.3 百度指数模块

百度指数的主要**功能模块**有:基于单个词的**趋势研究**、**需求图谱**、**人群画像**;基于行业的**整体趋势**、**地域分布**、**人群属性**、**搜索时间特征**。

以下是以"牙刷"作为关键词搜索的案例,说明百度指数使用方法。

第一步,如图4.1所示,在浏览器的地址栏中输入网址 http://index.baidu.com/ 即可进入百度指数的首页。(使用百度指数搜索关键词,**需要**登录**百度账户**,注册步骤省略,本书以 wz3gs 账号为例举例说明。)

图 4.1　百度指数首页

第二步,如图 4.2 所示,输入搜索关键词"牙刷",此时右上方的用户界面显示已由用户 wz3gs 登录。

图 4.2　搜索页面

实验项目 4　数据选品

第三步,如图 4.3 所示,搜索结果分为**趋势研究**、**需求图谱**、**人群画像**三个模块。

趋势研究模块为创业者提供可选趋势分析的类型和数据时间的类型等数据信息。

如图 4.3 所示,用户可以再添加一个对比关键词,将二者进行比较查询。同时,查询者对于趋势的选择可以单独选取"PC 趋势"或"移动趋势",也可以默认选择"整体趋势"。数据的时间可以分别选取"最近""24 小时""7 天""30 天""90 天""半年""全部"和"自定义"等多种时间形式。创业者可以根据店铺的类型和所销售的商品的特点选择趋势分析类型和数据时间类型。

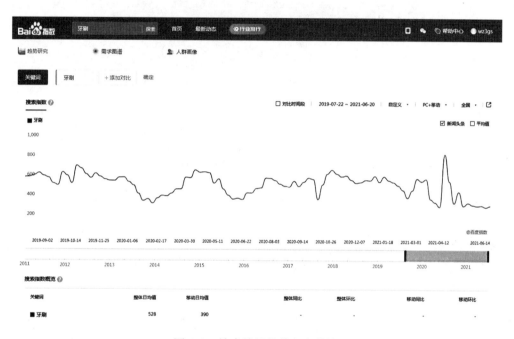

图 4.3　搜索结果**趋势研究**模块

如图 4.4 所示,关键词"牙刷"以下还可分为若干与牙刷相关的"子关键词"。

电商创业实操教程

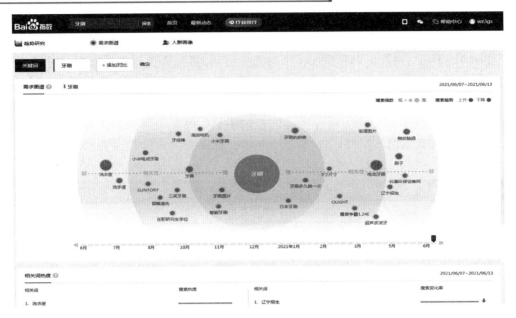

图4.4 搜索结果需求图谱模块

如图4.5所示,资讯关注模块可以分为资讯关注和资讯指数两种查询内容。

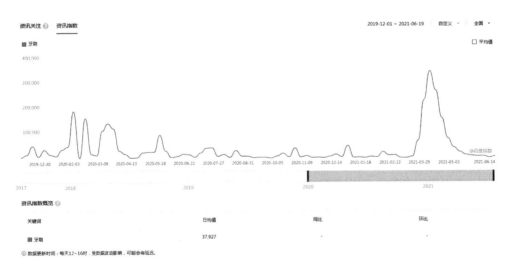

图4.5 搜索结果被整合到趋势研究中的资讯关注模块

如图4.6所示,人群画像可以按省份、区域或者城市划分,也可以按年龄区间和性别划分。

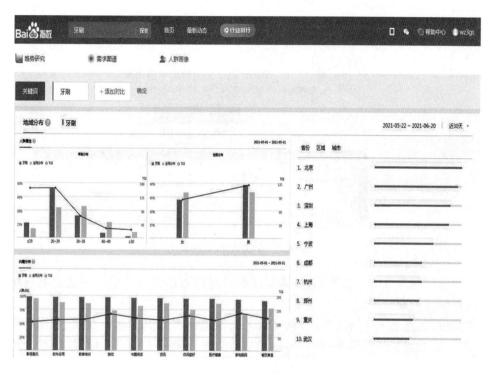

图4.6 搜索结果人群画像模块

4.2 中观数据筛选工具——后羿采集器、生e经

4.2.1 后羿采集器

后羿采集器是由前谷歌搜索技术团队基于人工智能技术研发的新一代网页数据采集软件,该软件功能强大,操作简单,是为广大无编程基础的产品、运营、销售、金融、新闻、电商和数据分析从业者,以及政府机关和学术研究等用户量身打造的一款产品。后羿采集器不仅能够进行数据的自动化采集,而且在采集过程中还可以对数据进行"清洗"。在数据源头即可实现多种内容的过滤。通过使用后羿采集器,用户能够快速、准确地获取海量网页数据,从而彻底解决了人工收集数据所面临的各种难题,降低了获取信息的成本,提高了工作效率。后羿采集器具有行业领先的技术优势,是可以同时支持Windows、Mac和Linux操作系统的数据采集。

后羿采集器的网址为 http://www.houyicaiji.com/（如图 4.7 所示）。

图 4.7　后羿采集器首页

后羿采集器与百度指数不同，不需要注册登录即可以使用。后羿采集器有智能和流程图两种模式识别数据。

智能模式：基于人工智能算法，只需输入网址就能智能识别列表数据、表格数据和分页按钮，不需要配置任何采集规则，一键采集。自动识别列表、表格、链接、图片、价格等。如图 4.8 所示。

图 4.8　智能模式

流程图模式:只需根据软件提示在页面中进行点击操作,完全符合人为浏览网页的思维方式,简单几步即可生成复杂的采集规则,结合智能识别算法,任何网页的数据都能轻松采集。如图4.9所示。

可模拟操作:输入文本、点击、移动鼠标、下拉框、滚动页面、等待加载、循环操作和判断条件等。

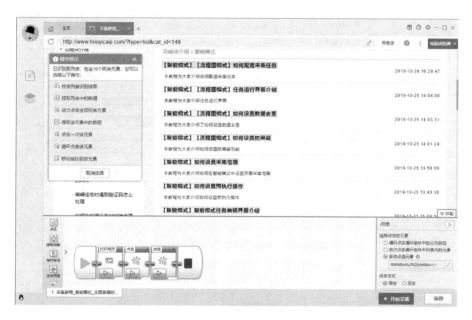

图4.9　流程图模式

后羿采集器提供丰富的采集功能,无论是采集稳定性或是采集效率,都能够满足个人、团队和企业级采集需求。

丰富的功能:定时采集(如图4.10所示),自动导出,文件下载,加速引擎,按组启动和导出,Webhook(网络钩子),RESTful API,智能识别SKU和大图等。

创建后羿采集器账号并登录,您的所有采集任务设置都将自动加密保存到后羿采集器的云端服务器(如图4.11所示),无须担心采集任务丢失,任务运行及采集的数据均在您本地服务器中,而且非常安全,只有您自己在本地登录客户端后才能查看。后羿采集器对账号没有终端绑定限制,您切换终端时采集任务也会同步更新,任务管理方便快捷。

后羿数据采集器是同时支持Windows、Mac和Linux全操作系统的采集软件,各平台版本完全相同,无缝切换,均如图4.12所示。

电商创业实操教程

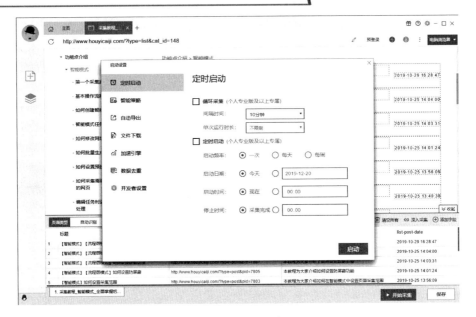

图 4.10　定时采集

图 4.11　云登录后的界面

实验项目 4　数据选品

图 4.12　Windows、Mac 和 Linux 操作系统登录界面

以淘宝为例演示后羿采集器的使用方法,如图 4.13 所示登录淘宝页面搜索关键词"牙刷"。

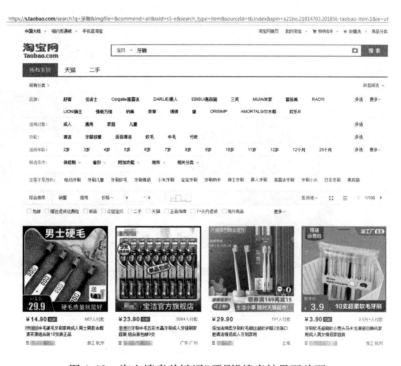

图 4.13　淘宝搜索关键词"牙刷"搜索结果页首页

打开后羿采集器，粘贴"牙刷"搜索结果页首页网址，点击"智能采集"，如图4.14所示。

图4.14　智能采集淘宝"牙刷"搜索页

点击手动打码"钥匙"按钮，输入淘宝用户名及密码，登录并等待刷新和验证完成，如图4.15所示。

图4.15　手动打码

验证完成刷新页面后点击"开始采集"，如图4.16所示。

实验项目 4　数据选品

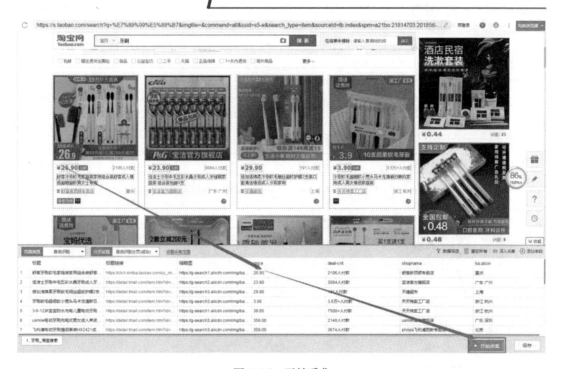

图 4.16　开始采集

4.2.2　生 e 经

在介绍生 e 经之前,首先要说明一下,虽然同为阿里巴巴的产品,但是:生意经≠生 e 经。这两个"兄弟"虽有血缘关系,但是同音不同义,一定要加以区分,免得造成混淆。

"生意经"是阿里巴巴为广大用户提供的专注于商业领域、通过问答的手段解决商业难题、积累商业实战知识的平台。"生意经"旨在"让天下没有解决不了的生意上的难题"。任何一个有关商业方面的疑问、求助和知识都可以在生意经里快速得到系统的、高质量的答案。"生意经"的口号是"有问题,就找生意经"。

"生 e 经"是对淘宝店铺数据进行多方位深度分析,助力优化标题、关联推荐、追踪广告来源效果、提升搜索排名的工具。

简单地说,"生意经"是阿里巴巴搭建的关于电商知识的问答平台;"生 e 经"是一个淘宝店铺运营的免费/付费工具。

使用"生 e 经"首先要进入淘宝的服务市场,进行订购,淘宝卖家可以选择免费的试用版本,也可以选用付费的加强版本或者专业版本,每种版本随价格的升高而具有更多的功能。

免费版、加强版、专业版的功能对比如图 4.17 所示。

	免费版	加强版	专业版
流量分析 - 流量指标&走势	✗	✓	✓
流量分析 - 按访客时段/省份分析	✗	✓	✓
流量分析 - 宝贝页/类目页/店内搜索页分析	✗	✓	✓
流量分析 - 流量来源分析	✗	✓	✓
流量分析 - 淘宝搜索/直通车关键词分析	✗	✓	✓
流量分析 - 自定义页面分析	✗	仅流量分析	流量+销售
销售分析 - 销售指标&走势	✗	✓	✓
销售分析 - 下单路径追踪（PC端）	✗	✓	✓
销售分析 - 地域分布	✗	✓	✓
销售分析 - 付款时间分布	✗	✓	✓
宝贝分析 - 调整优化（上架、橱窗、价格）	✗	✓	✓
宝贝分析 - 指标总览	✗	不含收藏、退款	所有指标
宝贝分析 - 搭配销售分析	✗	✓	✓
单个宝贝分析 - 一键分析（搜索排名要素分析）	✗	✓	✓
单个宝贝分析 - 趋势分析	✗	✓	✓
流量分析 - 流量来源分析（URL粒度）	✗	✗	✓
流量分析 - 自定义页面分析（为宝贝页引流）	✗	✗	✓
销售分析 - 订单来源ROI（全来源销售分析）	✗	✗	✓
销售分析 - 订单来源ROI（7日延迟效果分析）	✗	✗	✓
销售分析 - 订单来源ROI（直接、间接成交分析）	✗	✗	✓
单个宝贝分析 - 标题分析（根据宝贝推荐热搜词）	✗	✗	✓
单个宝贝分析 - 标题分析（关键词流量、成交分析）	✗	✗	✓
单个宝贝分析 - 关联分析	✗	✗	✓
单个宝贝分析 - 来源分析	✗	可分析5种来源的UV	全部来源的UV及销售
单个宝贝分析 - 深度分析	✗	✗	可分析5个宝贝
宝贝分析 - 关联推荐	✗	✗	✓
手机淘宝 - 流量分析（整体、按省份、按时段）	✗	✗	✓
手机淘宝 - 销售分析（整体、按省份、按时段）	✗	✗	✓
手机淘宝 - 宝贝页分析	✗	✗	✓

图 4.17 功能对比图

服务市场网址为：https://fuwu.taobao.com/ser/detail.htm? service_code = APP_SERVICE_TOP_SEJ。

也可扫描如下二维码,在图 4.18 淘宝服务市场页面,淘宝卖家可以根据自己需求订制服务。

图 4.18　淘宝服务市场

(注意)原本"生 e 经"具有行业分析功能,但是受淘宝新政的影响,所有软件不能提供行业分析功能,因此"生 e 经"行业分析模块被迫停掉,其他功能不受任何影响,"生 e 经"可以正常订购,后续只是行业分析功能受影响。

功能介绍,如图 4.19 所示。

监控店铺流量来源,找好突破口,如图 4.20 所示。

打造宝贝标题,让买家轻松找到你,如图 4.21 所示。

追踪 PC 端下单轨迹,掌握买家行为,如图 4.22 所示。

图 4.19　功能介绍

图 4.20　监控流量来源

实验项目4 数据选品

图 4.21 打造宝贝标题

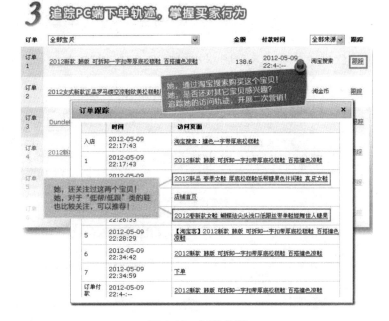

图 4.22 订单分析

宝贝关联分析,挖掘顾客潜在购买力,如图 4.23 所示。

图 4.23　宝贝关联分析

360°检测宝贝,攻克经营短板,如图 4.24 所示。

图 4.24　经营分析

4.3 微观数据筛选工具——比价服务

比价服务是现在非常流行、非常时髦的一个新词。能够为消费者提供**同款商品比较价格的服务就是比价服务**。在这里给大家介绍一个国内跨平台电商比价网站App插件——**慢慢买**,及淘宝和1688货源网自带的平台内比价功能——**拍立淘**。

4.3.1 慢慢买

慢慢买是一家集网购折扣推荐、全网搜索比价和历史价格查询为一体的购物导购网站。慢慢买的核心是一个购物比价搜索引擎,优势是原创神价商品推荐,帮助用户实现一站式比价选购,买到高性价比的商品!慢慢买倡导理性消费,相信"慢一点,省一点"!慢慢买目前合作的网上商城都是国内知名的B2C网站,已有多年积累,以保证消费者买到价格实惠的优质产品。

慢慢买的核心功能是,让你对比同款商品在全网各个商城的报价,轻松了解更低价和历史价。

手机App:http://home.manmanbuy.com/app.aspx。

慢慢买App下载页面,如图4.25所示。

图 4.25 慢慢买 App 下载页面

浏览器插件(支持 chrome 和 360 浏览器):http://lanrenbijia.com/。
插件下载页面,如图 4.26 所示。

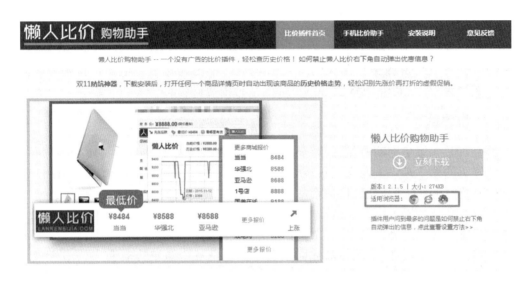

图 4.26　插件下载页面

网页端比价:http://home.manmanbuy.com/bijia.aspx。
慢慢买网页,如图 4.27 所示。

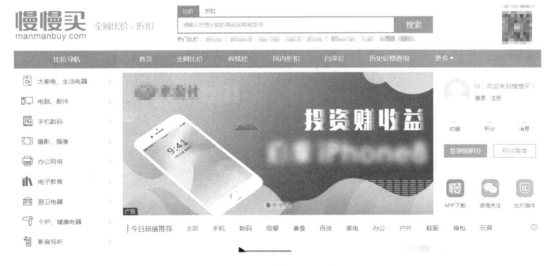

图 4.27　慢慢买网页

实验项目 4　数据选品

慢慢买提供历史价格查询(纵向价格查询),是网购必备神器,帮助消费者了解该商品的历史价格走势和最低价,有选择性地参与商家的各类活动("双 11""618")。

使用方式 1:访问网页:http://tool.manmanbuy.com/HistoryLowest.aspx,复制商品 URL 地址。

进入官方唯一旗舰店,打开某洁士牙刷商品页面,如图 4.28 所示。

图 4.28　官方唯一旗舰店某洁士牙刷商品页面

复制地址,如图 4.29 所示。

图 4.29　复制地址

进入慢慢买网页首页,点击"历史价格查询",如图4.30所示。
粘贴地址,如图4.31所示。

图4.30 历史价格查询

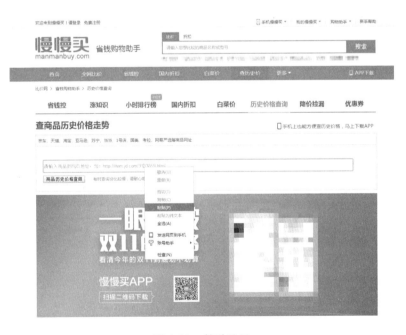

图4.31 粘贴地址

查看"商品历史价格查询",如图 4.32 所示。

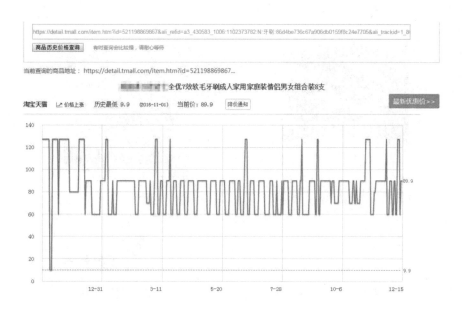

图 4.32 商品历史价格查询

使用方式 2:打开慢慢买 App,点击"查历史价"图标,从淘宝或京东 App 上复制商品链接,回到慢慢买 App 会提示粘贴。

手机淘宝商品页面,如图 4.33 所示。

分享,如图 4.34 所示。

图 4.33 手机淘宝商品页面　　　　图 4.34 分享

复制链接,如图4.35所示。

复制成功,如图4.36所示。

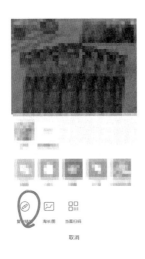

图4.35 复制链接

图4.36 复制成功

返回手机桌面,进入慢慢买App,如图4.37所示。

选择"查历史价",如图4.38所示。

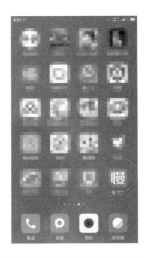

图4.37 进入手机慢慢买App

图4.38 查历史价

粘贴网址,如图4.39所示。

商品历史价格页面,如图 4.40 所示。

图 4.39　粘贴网址

图 4.40　商品历史价格页面

使用方式 3:安装懒人比价插件,打开每个商品页面,会自动显示历史低价的走势图。安装插件,如图 4.41 所示。

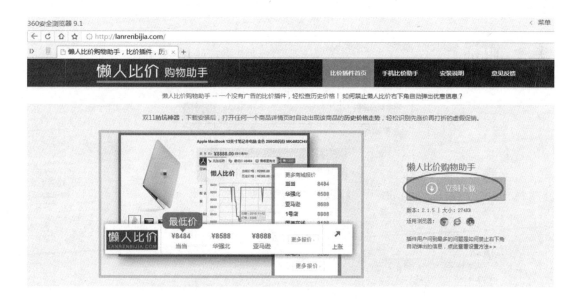
图 4.41　安装插件

选择 360 安全版浏览器，如果是搜狗浏览器，选择第一个 Chrome 版，如图 4.42 所示。添加插件到浏览器，如图 4.43 所示。

图 4.42　选择浏览器

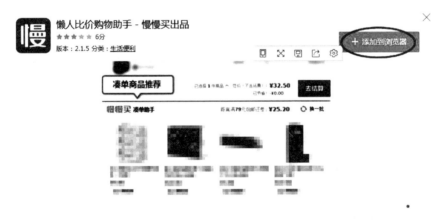

图 4.43　添加插件到浏览器

添加插件到浏览器完成后,直接点击"查询",浏览器显示历史价格如图 4.44 所示。

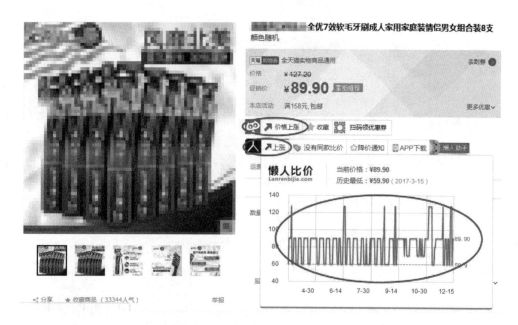

图 4.44　浏览器显示历史价格图

除此之外,慢慢买还为用户提供了全网优惠折扣(省钱控)、白菜价、收藏商品、降价提醒、全网比价等功能。下面仅用文字简单介绍。

全网优惠折扣(省钱控):高性价比的折扣推荐,刷刷省钱控,第一时间掌握各商城的优惠和特价商品。这里聚集了很多购物达人一起分享、交流、解读。使用方式:http://cu.manmanbuy.com/。

白菜价:各类天猫优惠券汇总,帮你省得更多。天猫商家为了做爆款,前期会亏本冲销量,表现形式一般是限时特卖,针对慢慢买用户发放优惠券。便宜一样有好货,马上进入优惠券直播间。

收藏商品、降价提醒:收藏商品后,当该商品有降价时,第一时间微信通知(需要将慢慢买账号和微信账号绑定)。

4.3.2　拍立淘

目前最好的平台内比价软件或插件为拍立淘。拍立淘原本是一款第三方 App 软件,具有识别同款、相似款商品,按图片类目智能推荐,按图片搜索周边吃、穿、用、玩等功能,如图 4.45 所示。现在各种版本的淘宝、天猫、1688 都支持此功能。

拍立淘能做什么？

找同款、找相似
识别图片内容，找同款或相似款

智能推荐
识别图片内容，智能推荐宝贝

找周边
上传宠物图片，找它吃、穿、用、玩

图 4.45　拍立淘功能介绍

拍立淘支持三种方式输入图片。搜索图片的标准：图片或照片，可以截图也可以拍照。

三种方式为：淘宝（1688）首页固件；独立网页及独立 App；浏览器插件。

（1）第一种方式——淘宝（1688）首页固件。

网页版淘宝首页固件，如图 4.46 所示。

图 4.46　网页版淘宝首页固件

手机版淘宝首页固件，如图 4.47 所示。

实验项目4　数据选品

图4.47　手机版淘宝首页固件

网页版1688首页固件,如图4.48所示。

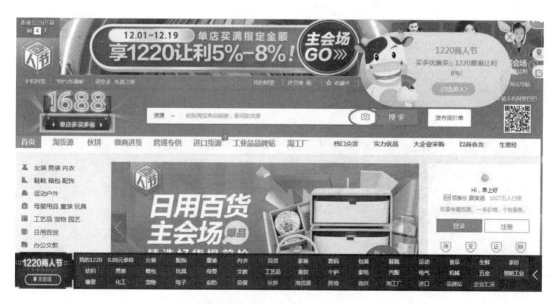

图4.48　网页版1688首页固件

手机版1688首页固件,如图4.49所示。

图 4.49 手机版 1688 首页固件

(2)第二种方式——独立网页及独立 App。

输入网址:http://www.pailitao.com/。

独立网页及独立 App 下载页面,如图 4.50 所示。

图 4.50 独立网页及独立 App 下载页面

(3) 第三种方式——浏览器插件。

插件下载地址为：http://www.pailitao.com/show? app = plugin。

拍立淘插件使用方式，如图 4.51 所示。

图 4.51 拍立淘插件使用方式

拍照示例，如图 4.52 所示。

图 4.52 拍照示例

如搜索"某洁士牙刷图片"，如图 4.53 所示。

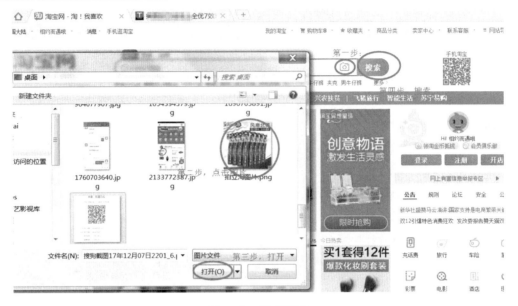

图 4.53 搜索页面

上传并检索图片过程,如图 4.54 所示。

图 4.54 上传页面

检索结果,如图 4.55 所示。

图 4.55　检索结果

通过此项功能,同款商品的信息,尤其是价格的比较结果一目了然。

同理,用手机淘宝也可以拍立淘。

手机淘宝拍立淘,如图 4.56 所示。

手机淘宝拍立淘拍照,如图 4.57 所示。

图 4.56　手机淘宝拍立淘

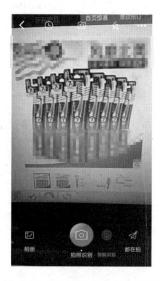
图 4.57　手机淘宝拍立淘拍照

手机淘宝拍立淘搜索结果,如图4.58所示。

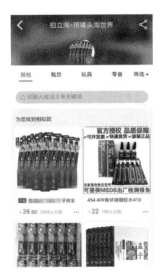

图4.58 手机淘宝拍立淘搜索结果

实验项目 5
Chapter 5

店铺开通及传品

实验项目:了解淘宝店铺的销售渠道,以及淘宝店铺的运营方式。

实验任务:掌握淘宝店铺的注册步骤;一件代发产品上传的步骤、淘宝营销活动的申请方式,微商以及采源宝 App 的使用方法。

淘宝网是中国最大的电子商务零售平台(C2C)在线商品数量达到 10 亿,在 C2C 市场,淘宝网占 95% 的市场份额。淘宝网兼容天猫(B2C)检索功能,也就是说,在淘宝主页面既可以搜索到淘宝商品,也可以搜索到天猫店铺的商品。淘宝网由阿里巴巴集团在 2003 年 5 月创立。淘宝网是中国深受欢迎的网购零售平台,目前拥有 5 亿多的注册用户数,每天有超过 6 000 万的固定访客,同时每天的在线商品数已经超过了 8 亿件,平均每分钟售出 4.8 万件商品。

5.1 注册淘宝店铺

注册淘宝店铺,是开店的第一步,首先要准备好开店必需的要件。通常分为两种情况:第一种是你已经具备了淘宝的买家账号,现在转为卖家账号,这是最常见的情况;第二种是你没有淘宝买家账号,这种情况比较麻烦。

5.1.1 有买家账号

第一种情况下,需要具备的要件分别是:手机(计算机)、淘宝 App(浏览器)、淘宝账号、支付宝账号、身份证。

1. 手机注册方式

手机注册步骤。

第一步,打开手机淘宝,登录进入后点击"我的淘宝",如图 5.1 所示。

第二步,在"我的淘宝"页面点击"我要开店",如图 5.2 所示。

图 5.1 我的淘宝

图 5.2 我要开店

第三步,进入开店页面,输入店铺名,设置店铺 Logo,填写店铺描述,然后点击"立即开通",如图 5.3 所示。

第四步,页面跳转后点击"淘宝开店"认证,跳转进入身份认证页面,点击"开始认证",如图 5.4 所示。

图 5.3 立即开通

图 5.4 身份认证

第五步,进入照片提交页面,上传自己的半身照和身份证正面照(这两张照片必须是现照直接上传才行),上传完成后点击"提交",如图5.5所示。

提交之后需要等候审核,通过后即可进行店铺宝贝上架等事宜,如图5.6所示。

图 5.5　上传照片半身及身份证

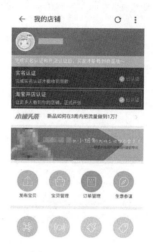

图 5.6　通过认证

2. 计算机注册方式

第一步,首先进入淘宝的网站 https://login.taobao.com/,点击"登录",如图5.7所示。

图 5.7　淘宝登录页面

第二步,登录后点击右上角"卖家中心",选择"免费开店",如图5.8所示。

图 5.8　免费开店

第三步,选择"个人开店"还是"企业开店",学生创业两种都可以,各有利弊,如图5.9所示。

图 5.9　开店类型

第四步,选择后就会要求输入认证,再点击"创建店铺"就完成了,如图 5.10 所示。

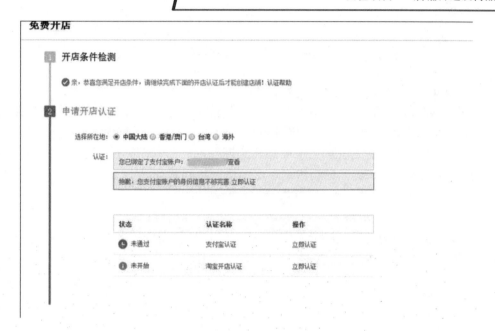

图 5.10 立即认证界面

5.1.2 无买家账号

第二种情况下,申请开店的步骤。(假设你有实名手机号,但无银行卡)

第一步,持有本人身份证原件及身份证复印件(最好有一张)。

第二步,到附近的银行开一张银行储蓄卡,建议国有银行,如工农中建交五行等。

第三步,开卡前填写一张申请表,一般银行有填好的样板,你可以参照样板填写。

第四步,在取号机取号,到柜台开通网上银行业务。

第五步,设置相关密码,银行卡和网上银行服务开通成功,记牢相关的密码。

第六步,登录支付宝官网,注册新用户,按提示填写本人相关真实资料,注册完成。

第七步,再次登录支付宝,在我的账户页面申请实名认证,按提示填写本人相关真实资料,提交认证申请,正常情况下等待 1~2 个工作日便会认证成功。

第八步,登录淘宝官网,注册新用户,按提示填写本人相关真实资料,注册完成。

第九步,淘宝必须绑定支付宝,在淘宝上随意购买一样物品,便会提示绑定支付宝时,按提示输入已经实名认证的支付宝账户,绑定成功。

第十步,重复第一种情况下的步骤。

5.2 淘宝店铺运营

1. 保证金

开通淘宝店铺以后,最好在第一时间缴纳保证金或保证金保险,否则店铺只能发布二手商品,而不能发布新商品,如果店铺销售一段时间商品后再缴纳保证金或保证金保险,那么原来发布的商品无法从二手商品转为新商品,只能采取下架再重新发布新的商品的方式替换,那么原来商品的销售记录就无法更新到新商品上。因此,在开店之初,新手就应该选择保证金服务。

缴纳保证金有以下步骤。

第一步,在登录淘宝后,进入"卖家中心",然后找到"淘宝服务"下的"加入服务",如图 5.11 所示。

图 5.11　加入服务

第二步,在选项卡中选择"保证金"选项,如图 5.12 所示。

实验项目5　店铺开通及传品

图 5.12　保证金

第三步,点击"立即开通",如图 5.13 所示。

图 5.13　立即开通

第四步,选择 1 年期,然后点击"立即支付",如图 5.14 所示。

图 5.14　选择 1 年期并立即支付

等待页面显示当前余额表明支付成功,如图 5.15 所示。

图 5.15　支付成功

2. 产品上传

前面已经讲过如何申请分销商及一件代发资格,这里主要讲解如何利用一件代发上传商品。注意两点:第一,不用一件代发,也可以一步一步手动上传,但是效率很低;第二,一件代发也不是真的只有一步,有一些内容还是需要设置的。

第一步,在1688淘货源搜索页选择淘宝专卖进入淘货源,搜索"牙刷",如图5.16所示。

图 5.16　1688 淘货源搜索页搜索"牙刷"

第二步,选择有一件代发标识的企业商品,畅销商品会显示有多少淘宝买家购买,如图 5.17 所示。

图 5.17　选择其中一款牙刷产品

第三步,选择"申请代理",如图5.18所示。

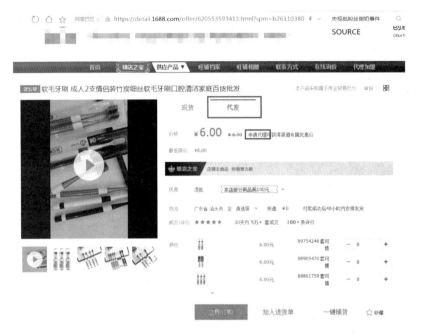

图5.18　申请代理页面

第四步,申请分销(淘货源)如图5.19所示。

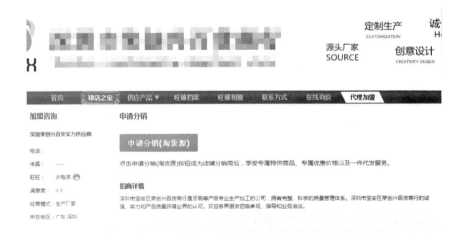

图5.19　申请分销(淘货源)页面

第五步,点击"确定",如图 5.20 所示。

图 5.20　申请成功页面

第六步,依次点击"一键铺货""传淘宝",如图 5.21 所示。

图 5.21　传淘宝

第七步,选择"官方传淘宝"选项,详细了解可以点击"了解更多",然后击点"确认",如图 5.22 所示。

图 5.22　官方传淘宝

第八步,点击"去上架"进入 1688 淘管家上架商品,如图 5.23 所示。

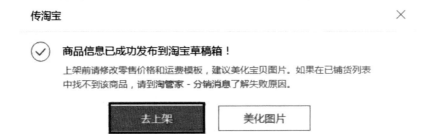

图 5.23　去上架

第九步,进入 1688 淘管家页面,在"我的已铺货商品"中找到牙刷这款产品,点击"立即上架",如图 5.24 所示。

实验项目5　店铺开通及传品

图5.24　1688淘管家页面立即上架

第十步，进入商品发布页面，确认保证金是否充足，如按照系统提示，牙刷类商品需要缴纳保证金2 000元，否则不能发布。商品类目一般都由系统自动匹配，如果出现错误识别类目的情况，可以点击"切换类目"。商品的标题最多可以输入60个字符，其中关键词不要重复，一件代发商品默认标题会出现批发字样，需要删除替换，如图5.25所示。

图5.25　商品发布页面1

99

第十一步,商品品牌及详情信息尽量参考1688淘管家商品的详情页面信息,错误的商品描述会导致DSR(卖家服务评级系统)评分降低。有星号标识的选项是必填项目,其他项目不填也没关系,自动生成的宝贝页面不会显示,如图5.26所示。

图5.26　商品发布页面2

第十二步,设置颜色分类,可以参考1688淘管家商品的SKU(颜色、型号),设置价格利用安全定价法(定价 = 成本 + 邮费 + 利润),商品总量不要设置太多,500～1 000即可,如图5.27所示。

第十三步,商品的详情图一定要认真检查,无关的商品链接、无关的图片、1688供货商的联系方式都需要删除。认真检查过后,点击"导入电脑端描述"到手机端页面,如图5.28所示。

图 5.27 商品发布页面 3

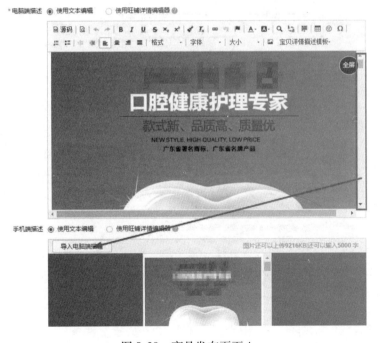

图 5.28 商品发布页面 4

第十四步,必须选择一种库存计数方式,买家拍下减库存和买家付款减库存两种方式都有利弊。在库存不足时,买家拍下减库存会导致有人加购物车不购买,想买的买家下不了订单。买家付款减库会出现多人下订单后,发现无法付款。采用安全定价法的商品不用担心运费问题,只需要注意新疆、西藏等偏远地区不发货即可,如图5.29所示。

第十五步,提交宝贝信息,如果不成功可以根据提示再次修改提交,新手一般都要提交2~3次才能成功。

有一点需要特别注意,采用1688传淘宝方式上传商品,发布后不能直接上架,还需要去牵牛卖家中心的"宝贝管理"中找到库存中的宝贝,点击"立即上架",否则商品处于下架状态。

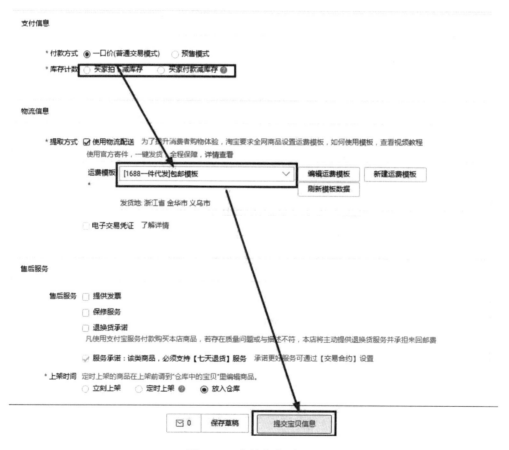

图5.29　商品发布页面5

实验项目 6

Chapter 6

物流选择

实验目的:学会物流运费的计算和比较,能进行物流流程操作及解决物流纠纷。

实验任务:

(1)了解物流配送方式。

(2)物流运费的计算和比较。

(3)物流运费模板的设置。

(4)物流纠纷的解决。

6.1 物流配送方式介绍

商品售出后,卖家要与物流公司合作,完成运输和配送这一重要环节。选择合适的物流配送方式和好的物流公司对店铺的经营至关重要,下面介绍几种不同的物流配送方式。

6.1.1 邮政发货

邮政是电商卖家合作较多的物流部门,选择邮政发货的主要原因是它的业务网点多,寄递业务覆盖地区广,许多快递公司的业务网点并不覆盖偏远地区,而邮政却不存在这方面的问题。在任何一个城镇和农村,都可以找到邮政的业务网点。很多快递公司的服务范围不包括新疆、西藏、海南、港澳台等地区,选择快递公司送货,上述地区的快递就无法到达,但如果网店开展了邮政平邮业务,许多偏远地区的买家就不会在购物时有此方面的顾虑,能够促进交易的达成。另外,由于邮政发货比快递发货的费用低,所以在跨境电商物流配置中它也被大量使用。当然,从速度上比,邮政发货的速度较慢于快递发货。

邮政设有挂号信、平邮包裹、e 邮宝和 EMS 等多种邮寄方式,不同的邮寄方式产生的费用不同。国内电商销售的普通商品,一般采用平邮包裹邮寄,邮费相对较低。

邮政寄递的信息、政策及资费等的查询,可以通过中华人民共和国国家邮政局的官方网站进行查询。

6.1.2 快递发货

快递公司是对目前市场上除了邮政之外的其他快递公司的统称。目前,全国正在进行业务开展的快递公司已经达到了近千家。每家快递公司都运用自己的网络进行快递服务。

快递公司的优势是发货的速度较快,可以让买家尽快收到商品,也可以让卖家尽快完成回款。一般来讲,周边城市1~2天就可以收到货物,其他国内的大中型城市到货时间也只需要2~3天即可。因为快递服务的方便、快捷,许多电商卖家将快递公司作为货物配送的首选合作伙伴。国内常见的快递公司有如下几种。

1. 申通快递

申通快递品牌创建于1993年,是国内最早经营快递业务的品牌之一。经过20多年的发展,申通快递在全国范围内形成了完善、流畅的自营速递网络,基本覆盖到全国地市级以上城市和发达地区县级以上城市,尤其是在江浙沪地区,基本实现了派送无盲区。截至2021年1月,公司拥有独立网点及分公司4 500家,服务网点及门店25 000余家,乡镇网点15 000余家,直属与非直属运转中心80余个,从业人员超过30万人,每年新增就业岗位近1万个。

随着中国快递市场的发展,申通快递在提供传统快递服务的同时,也在积极开拓新兴业务,如为国内大型C2C、B2C企业提供物流配送、第三方物流和仓储、代收货款、贵重物品通道等服务,在国内建立了庞大的信息采集、市场开发、物流配送、快件收派等业务机构,同时,也积极拓展国际件配送服务。

2. 圆通速递

圆通速递创建于2000年5月28日,经过21年的发展,已成为一家集速递、航空、电子商务等业务为一体的大型企业集团,形成了集团化、网络化、规模化、品牌化经营的新格局,为客户提供一站式服务。

截至2020年12月,圆通速递全网拥有分公司4 600多家,服务网点和终端门店7万多个,各类转运中心133个,员工45万余人。公司开通了中国港澳台、中东和东南亚专线服务,并在中国香港注册了Cats Alliance Express(CAE)公司,开展国际快递业务。公司立足国内,面向国际,致力于开拓和发展国际、国内快递、物流市场。公司主营包裹快递业务,设置了包括同城当天件,区域当天件,跨省时效件和航空次晨达,航空次日下午达和到付、代收货款,签单返还等多种增值服务产品。公司的服务涵盖仓储、配送及特种运输等一系列的专业快递服务,并为客户量身制定快递方案,提供个性化、一站式的服务。

3. 中通快递

中通快递股份有限公司创建于 2002 年 5 月 8 日,是一家集快递、物流、电商、印务于一体的,综合实力位居国内物流快递企业前列的大型集团公司。注册商标"中通""ZTO"。

公司已拥有员工 10 万多人,服务网点 30 000 余个,转运中心 94 个,干运输车辆超过 10 450 辆。公司的服务项目有国内快递、国际快递、物流配送与仓储等,提供"门到门"服务和限时(当天件、次晨达、次日达等)服务。

2013 年 12 月,中通快递收购了俄速通 20% 的股权,开始涉足中俄跨境物流。

4. 百世快递

百世快递的前身是汇通快运。汇通快运成立于 2003 年,是一家在国内率先运用信息化手段探索快递行业转型升级之路的大型民营快递公司,其对快递的派送流程实行条码扫描和运单核对的方式,为用户提供精准的速递服务。

2010 年 11 月,杭州百世网络技术有限公司成功收购汇通快运,随后更名为"百世汇通",成为百世网络旗下的知名快递品牌。2016 年,"百世汇通"更名,正式以新名称"百世快递"面世。经营范围为国际、国内快递运输服务。

5. 韵达快递

韵达快递品牌创立于 1999 年 8 月,总部位于中国上海,现已成为集快递、物流、电子商务配送和韵达快递仓储服务为一体的全国网络型品牌快递企业,服务范围覆盖国内 31 个省(区、市)及港澳台地区。2013 年以来,韵达快递迈出了国际化发展的步伐,相继与日本、韩国、美国、德国、澳大利亚等国家和地区开展国际快件业务合作,逐步走出国门,为海外消费者提供快递服务。

韵达快递在全国建设了分拨中心,在各分拨中心安装了能够全天候、全方位进行快件安全监控的视频监控系统,实时监控快件操作、分拨和转运情况,确保快件分拨转运安全和时效。在全网络分拨中心推广应用机械化分拨、操作设备,提高了快件分拨、操作质量和效率。全国有数万余家营业网点(包括公司、服务部、分部、门店),方便客户寄递快件。

6. 顺丰

顺丰速运(集团)有限公司于 1993 年成立,总部设在广东省深圳市,2017 年 2 月 24 日正式更名为顺丰,是一家主要经营国内、国际快递及相关业务的服务性企业。

经过多年发展,顺丰建立了为客户提供一体化综合物流服务能力,为行业客户提供贯穿采购、生产、流通、销售、售后的高效稳定便捷的数字化、一体化的供应链解决方案。此外,顺丰在中国香港、中国澳门、中国台湾都设有网点。在韩国、日本、马来西亚、新加坡及美国等国家都设立网点,或者开通收派业务。

7. 德邦物流

德邦物流股份有限公司是国家5A级综合服务型物流企业,主营国内公路零担运输和空运代理服务。目前,德邦正从国际快递、跨境电商、国际货代三大方向切入跨境市场,已开通韩国、日本、泰国等多条国际线路。

电商尊享是德邦物流针对电商类客户推出的专属快递服务,其专业安全的快递服务流程,使电商类客户享受行业内高性价比的电商快递服务。德邦物流免费提供电子面单及系统对接服务,免费提供专属人员驻场服务,免费提供送货上楼服务;主动提醒买家在签收前开箱验货;高效处理理赔,24小时闪电赔付。

8. 极兔速递

极兔速递(J&T)是一家科技创新型互联网快递企业。极兔致力于持续为客户创造极致的快递和物流体验,成为一家值得客户信赖的综合性物流服务商。

极兔成立于2015年8月,是东南亚首家以互联网配送为核心业务的科技型快递公司,业务涉及快递、快运、仓储及供应链等多元化领域,业务类型涵盖同城、跨省及国际件。截至2021年1月,极兔在全球拥有超过240个大型转运中心、600组智能分拣设备、8 000辆自有车辆,同时还运营超过23 000个网点,员工数量近35万人。

6.1.3 货运发货

如果邮寄的货物的质量或体积较大、数量较多,平邮和快递的运费会非常贵,这时可以考虑货运发货。货运发货包括公路托运、铁路托运和航空托运3种类型,短途一般采用公路托运,长途一般采用铁路托运和航空托运。

1. 公路托运

公路托运的运费可以先付,也可以到付。货物到达后,货运公司可能会向收货方收卸货费。一般的公路托运不需要保价。发货时,一定要保证收货人电话号码填写的准确性,确保到货时托运公司能顺利地通知收货人。

2. 铁路托运

铁路托运的价格较低、运量较大、速度较快、安全性较高,但是货物只能到达火车站,需要收货人自行到火车站提货。铁路托运的运费需要先付。

3. 航空托运

航空托运速度快,但是费用高,较适合到货时间要求较高或贵重商品的运输,也需要收货人自行到机场提货。航空托运的运费也需要先付。

物流公司将卖家的货物集中到一起,根据货物到达的目的地的不同,统一安排运输。一般根据收货人的地址,将货物运送到目的地的各网点,使收货方可以就近取货。这种方式的运输速度相对较慢,且经过多次的中转,货物很容易破损,因此包装一定要结实。

6.2 物流配送方式的优劣势对比

6.2.1 从发货地区方面比较

邮政发货的到货区域覆盖面广泛,其网点覆盖了一些偏远地区,且工作人员可以将商品送货上门,给买家收货带来了极大的方便。而快递货运无法到达一些偏远的地区和农村,即使有的快递公司的快递服务已经延伸到了一些偏远地区和农村,但是配送的商品只到达各快递网点,由于网点与分散的买家的距离远,货量少,因此各网点不负责将商品送货上门,需要客户自取。采用货运发货的方式,也需要客户自取货物,送货上门需要额外支付送货费。因此,如果将货物运送到偏远地区,邮政发货是首选,非偏远地区的小件货适合快递发货,而大件货适合货运发货。

6.2.2 从发送货物的类型方面比较

对于小件商品,如明信片、打折卡这一类的平面小件商品,可以使用挂号信的方式进行发货,但切记不要使用平信邮寄,因为一旦出现丢失,便无法追查到商品的下落。而像小件的首饰、衣服、化妆品、日用品等类型的商品,可以选择平邮包裹、邮局快包、快递公司、EMS 等多种运送方式。

对于大件商品,像家具、家装用品这一类的大件商品,一般不建议选择快递公司或 EMS 进行发货,因为运费太高,无论是买家还是卖家承担运费,都不够划算。因此,建议选择物流托运的方式进行发货。虽然到货的时间相对于快递发货要慢一些,但可以节省下许多费用,即使送货时需要额外收费,也比快递发货的费用要划算很多。

对于贵重物品,在发货时,一定要挑选信誉比较好、规模比较大的公司,且一定要直接选择正规的物流公司,不要在代理机构处发货,同时选择结实的包装材料以有效保护商品。贵重物品在发货时一定要进行保价。在保价之前要询问清楚:保费是多少,与哪家保险公司进行合作,可以获得多少赔偿。发货的同时一定要提前联系买家,提示买家应在确定商品完好无损时,再签字收货。

6.2.3 从运输的资费方面比较

运输资费的多少需要综合考虑运输距离的长短,货物的质量、体积等因素。总体来看,快递公司的资费是由快递公司自行制定的,可以讨价还价,如果发货量大、议价能力强,可以获得比官网公布的资费便宜很多的优惠。邮政快递的邮费单价有统一规定,资费与快递公司相比没有竞争力。在大件商品的运输中,货运发货的资费优势比较明显。

6.2.4 从到货时间方面比较

不考虑航空运输,以陆路运输为例。快递货运的速度较快,短途运输能实现今发明至,长途运输一般情况下4~5天到达;邮政普通包裹的运输速度较慢,配送到偏远地区的客户手中需要很长的时间,一般需要7天左右,甚至更长的时间;而货运发货的短途运输到货时间为2~3天,长途运输到货时间为4~5天。通过比较可以看出,快递货运的到货时间最快,其次是货运发货,平邮包裹的速度比较慢。

6.3 物流运费的计算

在发货前,卖家要综合考虑各种因素来决定发货方式,其中物流运费是卖家考虑的重要因素之一。因此,卖家要比较不同物流配送方式下的运费,以选择质高价廉的物流方式。

6.3.1 邮政普通包裹资费计算

邮政普通包裹资费是由国家邮政局统一制定的,各邮政网点执行统一的价格,其资费的查阅和计算要经过以下几个步骤。

1. 资费分档情况查询

第一步,进入中华人民共和国国家邮政局网站,进行邮政普通包裹资费查询(如图6.1所示)。邮政普通包裹服务资费的收取,是按照寄递距离的远近将资费标准分为六档,每档资费标准的首重(按千克计算)费用和续重费用不同,距离越远资费越高。

图6.1 "邮政普通包裹资费查询"页面

第二步,单击"邮政普通包裹资费查询",可以显示邮政普通包裹寄递服务资费上限标准,如图6.2所示。

邮政局普通包裹资费查询

邮政普通包裹寄递服务资费上限标准

单位：元

	资费标准	首重1千克	每续重1千克
一挡	省份面积小于首重70万平方公里的省内寄递（除新疆、西藏、内蒙古和青海以外所有省份）	5	1
二挡	省份面积大于70万平方公里的省内寄递（新疆、西藏、内蒙古和青海四省、自治区）	6	1.5
	相邻省和省会距离不超过500公里的省际寄递	6	1.5
三挡	省会距离500~1 000公里(含)的省际寄递	7	2
四挡	省会距离1 000~2 000公里(含)的省际寄递	8	3
五挡	省会距离2 000~3 000公里(含)的省际寄递	9	4
六挡	省会距离3 000公里以上的省际寄递	10	5

注:1公里 = 1千米,1平方公里 = 1平方千米

图6.2 邮政普通包裹寄递服务资费上限标准

2. 资费分区情况查询

如果不了解寄递距离的远近,即不清楚资费标准按照哪一档进行计算,可以继续查阅"邮政普通包裹服务资费分区表",如图6.3所示。

邮政普通包裹寄递服务资费分区表

寄出省（区、市）	资费档		寄达省（区、市）
上海市	一档	省份面积小于70万平方公里的省内寄递	上海市
	二档	相邻省和省会距离不超过500公里的省际寄递	安徽省,江苏省,浙江省
	三档	省会距离500~1000公里（含）的省际寄递	福建省,河南省,湖北省,江西省,山东省
	四档	省会距离1000~2000公里（含）的省际寄递	北京市,重庆市,甘肃省,广东省,广西壮族自治区,贵州省,河北省,湖南省,吉林省,辽宁省,内蒙古自治区,宁夏回族自治区,山西省,陕西省,四川省,天津市
	五档	省会距离2000~3000公里（含）的省际寄递	海南省,黑龙江省,青海省,云南省
	六档	省会距离3000公里以上的省际寄递	西藏自治区,新疆维吾尔自治区

注:1公里 = 1千米,1平方公里 = 1平方千米

图6.3 邮政普通包裹寄递服务资费分区

图中可以看到从上海市寄递全国不同区域的资费分档情况。

3. 运费计算的举例说明

例如,一件商品的质量为3千克,如果通过邮政普通包裹寄递,将货物从上海运到江苏省,其运费的计算如下:

从上海市到江苏省,属于"相邻省和省会距离不超过500公里的省际寄递",属于资费档中的二档,即首重1千克6元,每续重1千克1.5元,所以运费(不包括包装费用等)为 $6+(3-1)\times 1.5=9$ 元。

6.3.2 快递运费计算

1. 快递运费的计算方法

目前物流市场上的快递公司很多,各家快递公司的资费情况不尽相同,如果要了解各快递公司的快递资费情况,可以通过各快递公司的官网进行查阅。下面以某快递为例,介绍快递运费的查询和计算。

(1)在某快递的官网首页中找到"运费查询"项,如图6.4所示。

图6.4 某快递官网首页

(2)在"运费查询"页面输入邮寄地址信息、物品质量及寄件时间等,就可以查询到运费的参考价格及预计到达时间。

从图6.5可以看出,某快递寄递的现付参考价格为39元。

图6.5 某快递运费查询页面

参考价格不一定是实际支付价格,实际支付价格可以与各网点议价,通过电话沟通。哈尔滨市某快递公司业务员提供的资费情况为:货物首重(1千克)费用是10元,续重费用每千克8元,如果一件商品的质量为3千克,通过该快递寄递,将货物从哈尔滨市运到南京市,其实际运费为:$10+(3-1)\times 8=26$元。

网上查询的参考价格(39元)之所以比网点业务员所报的价格(26元)高,是因为网上的参考价格包含了上门取货的费用。

如果寄递的货量较大,还可以与快递公司议价,运费还有一定的下调空间。

如果寄递的是轻泡货,还要测量货物的体积,将体积换算成计费质量,再计算运费。

根据国际航空运输协会(IATA)规定,轻泡货的计费质量按货物长×高×宽(cm)÷6 000计算(不规则货物,包括圆锥、圆柱状物体,按长方体计算,为长、宽、高3个方向的最大尺寸相乘)。非航空件轻泡货计费质量按同等体积的航空件轻泡货质量减半计算。

2. 各快递公司运费的比较

各快递公司的运费受运输的到达地区、货物质量、货物体积因素的影响,运费的差异很大。下面介绍两种快递查询工具。

(1)快递小帮手。

步骤一:打开快递小帮手网站(http://www.chakd.com),选择"运费及网点查询"项,如图6.6所示。

步骤二:输入出发地、到达地及货物的质量信息,即可查询各快递公司的运费等相关情况,如图 6.7 所示。

图 6.6　快递小帮手网站

图 6.7　运费及网点查询页面

如将出发地设为哈尔滨,到达地设为大连,货物的质量设为 3 千克,点击"快递查询",得到的查询结果如图 6.8 所示。

↓点击下面公司显示对应公司的联系方式、派送范围、不派送范围及备注		元/运费	天/时间	是否到付
邮宝快递公司哈尔滨市分公司 3分 →	邮宝快递公司大连市分公司 3分	27元	3天	否
宅急送快递公司哈尔滨市分公司 3分 →	宅急送快递公司大连市分公司 2分	20元	3天	否
EMS快递公司哈尔滨市分公司 2分 →	EMS快递公司大连市分公司 3分	50元	3天	否
哈尔滨市中通快递公司 3分 →	大连市中通快递公司 2分	27元	3天	否
中诚快递公司哈尔滨市分公司 2分 →	中诚快递公司大连市分公司 4分	24元	3天	否
天天快递公司哈尔滨市分公司 2分 →	天天快递公司大连市分公司 2分	35元	3天	否
哈尔滨圆通快递公司 2分 →	大连圆通快递 2分	26元	3天	是
全一快递公司哈尔滨市分公司 2分 →	全一快递公司大连市分公司 0分	36元	3天	否
佳吉快递公司哈尔滨市分公司 3分 →	佳吉快递公司大连市分公司 3分	27元	3天	否
大田快递公司哈尔滨市分公司 0分 →	大田快递公司大连市分公司 0分	44元	3天	否
汇通快递公司哈尔滨市分公司 2分 →	汇通快递公司大连市分公司 2分	27元	3天	否
哈尔滨申通快递 3分 →	大连申通快递 2分	40元	3天	否
长宇快递公司哈尔滨市分公司 0分 →	长宇快递公司大连市分公司 0分	27元	3天	否
长发快递公司哈尔滨市分公司 0分 →	长发快递公司大连市分公司 0分	30元	3天	是
鹏达快递公司哈尔滨市分公司 2分 →	鹏达快递公司大连市分公司 2分	31元	3天	否

图 6.8　运费及网点查询结果

通过查询,可以比较各快递公司的运费情况及到达时间。如果点击图中的某个具体的快递公司,即可以显示该公司的联系方式、派送范围、不派送范围及备注情况。

(2)快递窝。

步骤一:打开快递窝网站(http://www.kuaidiwo.cn),选择"快递价格查询"项,如图6.9所示。

图6.9 快递窝首页

步骤二:先选择拟查询的快递公司(图6.10右侧),然后输入起始地、目的地及货物重量信息,即可查询该公司的运费等相关信息。

图6.10 快递价格查询页面

快递窝的功能比较强大,除了可以进行快递价格查询,还可以查询快递单号、网点地图、快递网点、物流专线和物流公司。

在快递公司的选择中,不能单纯考虑选择运费低的快递公司,还要考虑网点覆盖范围广等因素,所以说,没有最便宜的快递,只有最适合的快递。

6.3.3 货运发货运费的计算

1. 货运公司的计费单位

货物的总运费是由一个计费单位乘以运费单价来决定的,而货运公司的计费单位虽然是公斤(1 公斤 = 1 千克),但这个公斤数却并不是用磅秤计量出来的,而是通过计算"体积质量"确定的。

"体积质量"的标准计算公式是:货物的体积质量(公斤) = 货物的体积[长(厘米) × 宽(厘米) × 高(厘米)]/6 000。也就是说,6 000 立方厘米体积的货物相当于 1 公斤来计算运费。换算过来,1 立方米体积的货物要按照 167 公斤计算运费。按照物理质量与体积质量择大计费的原则,如果货物的质量一定,比重小而体积偏大,如棉花、编织工艺品等,那么应当测量货物的体积,根据标准公式计算出体积质量,然后,将货物的实际质量与体积质量做比较,"择大录取",作为计费质量,再乘以每公斤的运输价格就得出了应收运费。

2. 运费计算

先要计算货物的体积质量,然后在体积质量和实际质量两者中选择大者,然后用计费质量乘以运费单价即为总运费。

例如,一台古筝的体积是 2.1 立方米,实际质量是 22 公斤,体积质量 35 公斤。货物从黑龙江省运往辽宁省,若采用德邦物流,每公斤货物的运费是 1.18 元,则总运费的计算如下:

根据"择大录取"的计费原则,货物的体积质量是 35 公斤,实际质量是 22 公斤,35 公斤大于 22 公斤,因此选择 35 公斤作为计费质量,则总运费为:$1.18 \times 35 = 41.3$ 元。

6.4 物流操作流程

电商平台中通常制定包邮价。下面以包邮价为例,讲解物流操作流程。

6.4.1 安全定价法与包邮价

包邮价的制定以安全定价为基础,而安全定价 = 成本 + 运费 + 利润,物流成本的多少影响着卖方的定价,分摊到单个商品上的物流成本会随着寄递商品数量的增加而减少。随着寄递商品数量的增加,单个商品的运费会减少。

实验项目6 物流选择

$$N \text{组商品的成本} + N \text{组商品的运费} + N \text{组商品的利润}$$
$$\leq N \times (1\text{组商品的成本} + 1\text{组商品的运费} + 1\text{组商品的利润})$$

商品的成本随 N 组商品数量的增加而降低。（如图 6.11 所示）

确定单个商品的安全定价后，包邮价应该不低于该安全定价。

图 6.11　1688 供应商供应价格页面

商品的运费随 N 组数量增加而降低。

下面以 1688 供应商提供的价格为例，分别计算 30 件和 60 件热贴的单位商品运费。

（1）单位商品运费为 4.00 元 ÷ 30 贴 ≈ 0.13 元/贴（如图 6.12 所示）。

此热贴的成本是每件 0.25 元，如果发 30 件商品，每件商品的运费是 0.13 元，假定利润为 20%，设安全定价为 x，则安全定价为 $0.25 + 0.13 + 20\% \cdot x = x$, $x = 0.475$ 元。

（2）单位商品运费为 4.00 元 ÷ 60 贴 ≈ 0.067 元/贴（如图 6.13 所示）。

同理可得，安全定价 $x = 0.396$ 元。

图 6.12　1688 供应商运费页面（数量 30）

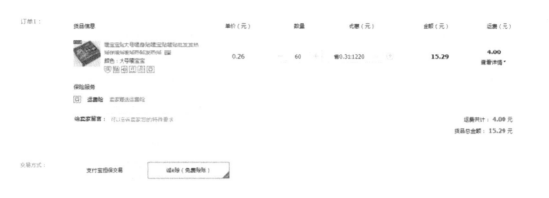

图6.13　1688供应商运费页面(数量60)

6.4.2　运费模板设置

安全定价法是制定包邮价的基础。当一个订单产生后,卖家可以设置运费模板。下面以包邮价为例介绍包邮运费模板的设置。

第一步,进入淘宝网的"卖家中心",如图6.14所示。

图6.14　淘宝网"卖家中心"登录页面

第二步,在左侧"物流管理"选项下选择"物流工具",如图6.15所示。

图6.15　物流工具页面

第三步,选择"运费模板设置"选项,如图 6.16 所示。

图 6.16　运费模板设置页面

第四步,选择"新增运费模板"选项,如图 6.17 所示。

图 6.17　新增运费模板设置页面

第五步,填写信息,具体设置示例各项参数,如图 6.18 所示。

电商创业实操教程

图6.18 运费模板设置示例

第六步,点击"保存并返回",运费模板设置成功。

6.4.3 1688代发货

1688代发货是指当淘宝卖家自己本身没有库存实货,而选择1688货源网供货时,淘宝买家下单后,由1688的第三方商户为淘宝卖家提供的代发货的服务。

1688代发货有以下操作步骤。

第一步,登录淘宝网进入千牛卖家中心,如图6.19所示。

实验项目6　物流选择

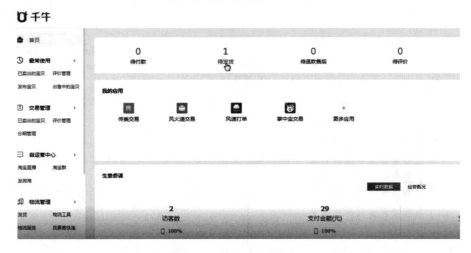

图 6.19　淘宝千牛卖家中心

第二步,复制淘宝店顾客的收件地址信息及订单信息,如图 6.20 所示。

图 6.20　淘宝店顾客的收件地址信息及订单信息页面

第三步,登录 1688 供货平台,找到代销商品链接,如图 6.21 所示。

电商创业实操教程

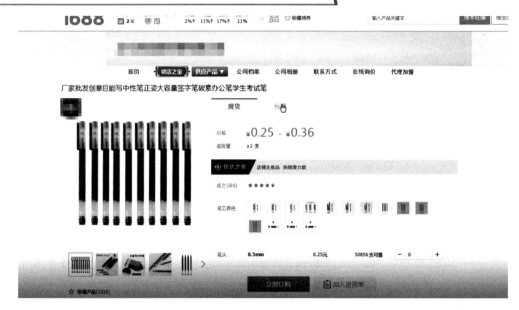

图 6.21　1688 供货平台代销商品页面

第四步,利用淘宝店顾客的收件地址信息下单支付,如图 6.22 所示。

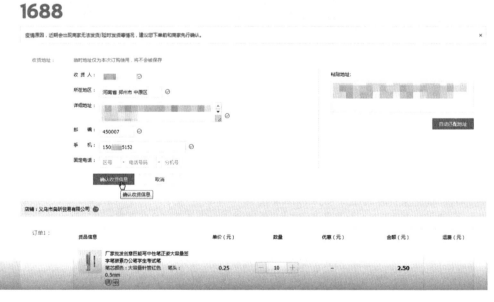

图 6.22　淘宝店顾客的收件地址信息页面

第五步,等待1688的第三方供货商发货,复制运单号,在千牛发货,如图6.23所示。

图6.23　等待1688的第三方供货商发货页面

6.4.4　淘宝合并发货

如果买家在淘宝同一家店铺中下单多次,但是如果商家多次发货就会增加成本,这个时候就可以考虑合并发货,这样不仅可以节省发货成本,也能让消费者少拿几趟快递,那么淘宝订单怎么去合并发货呢?下面介绍淘宝合并发货。

第一步,同时打开淘宝和阿里巴巴供货平台。

第二步,分别进入淘宝卖家界面和1688的买家界面。

第三步,在千牛卖家中心查看要合并发货的订单详情。

通过图6.24可以看出,这两个订单是同一个人下单的,阿里旺旺账号相同,商品也是同一个商品。为了保险起见,可再看一下收货地址是否一致。

第四步,复制发货地址去1688下单,记住收件人地址一定要用"临时地址－实际买家的地址"。

第五步,1688下完订单只需要等待平台发货,我们也可以在千牛卖家中心复制粘贴发货了。

第六步,同时打开淘宝卖家中心后台和1688买家已买到的货。

第七步,核对后发货。

图6.24 合并发货的订单页面

实验项目 7
Chapter 7

客户服务及营销推广

实验目的：了解电商客服的职责和应具备的专业的知识，并掌握电商客服日常工作应注意的问题。

实验任务：

(1)电商客服应具备的专业的知识和技能的掌握。

(2)能做好售前、售中和售后服务。

(3)做好店铺的营销推广。

7.1 客户服务

电商客服是指通过网络为买家提供答疑解惑、快件查询、售后服务等在线服务的专职工作人员，网店客服的实质是网店的一种服务形式。网店客服通过与买家的交流，了解买家的需求和喜好，解决买家面临的问题，促成交易，并通过客户关系的维护，为店铺争取更多的客户资源。

7.1.1 电商客服的职责

电商客服的职责主要有4个方面。

1. 熟悉产品

通过岗前培训熟悉产品，了解产品相关信息。对于电商客服来说，熟悉店铺产品是最基本的工作，对于产品的特征、功能、注意事项等要做到了如指掌，这样才能流利解答客户提出的各种关于产品信息的问题。

2. 接待客户

要了解顾客需求。一个优秀的电商客服懂得如何接待好客户，会用常用的接待用语，同时还能引导消费者进行附带消费，会用解答技巧消除客户疑虑。针对顾客提出的问题,能运用解答技巧,形成客户对问题的认知。

3. 核对买家信息,发出发货通知

电商客服要查看商品数量,由于店铺页面上的库存跟实际库存是有出入的,因此客服需要查看宝贝的实际库存量,这样才不会出现因缺货发不了货的情况。买家下单付款后,客服要与客户核对收件信息。虽然大部分买家在购买的时候,地址是正确的,但也有买家因收件信息发生变动而忘记修改的情况发生。有时候客户订单信息或者是收件信息有变,那么作为客服来说,就有义务将变动反馈出来,这样制单的同事就知道这个订单信息有变动。货物发出去之后,客服应用旺旺给买家发信息,告诉客户包裹已经发出,这可以增加客户对你店铺的好感度。

4. 客户关系维护

电商客服人员要处理买家的中、差评,中、差评并不可怕,可怕的是不去处理。当发现有中、差评的时候,尽快跟客户沟通下,看看是什么原因导致的问题。客户不会无缘无故给你中、差评,对于一些通过恶意评价来获得不当利益的买家,就要注意搜集信息,以便为后面的投诉搜集证据。另外,对店铺老客户以及高价值客户的关系进行维护。

7.1.2 电商客服应具备的专业的知识

1. 商品专业知识

(1)商品知识。

电商客服应当对商品的种类、材质、尺寸、用途、注意事项等都有所了解,最好还应当了解行业的有关知识,商品的使用方法、修理方法等。

(2)商品的相关知识。

商品可能会适合部分人群,但不一定适合所有人。比如衣服,不同年龄、生活习惯及需要的买家,适合不同的衣服款式;又比如有些玩具不适合太小的婴儿。这些知识都需要客服人员有基本的了解。

2. 网站交易规则

(1)淘宝交易规则。

电商客服应该把自己放在一个买家的角度来了解交易规则,以便更好地把握自己的交易尺度。有的顾客可能是第一次在淘宝交易,不知道该如何操作,这时客服除了要指点顾客去查看淘宝的交易规则外,有时还需要一点一点指导顾客操作。

此外,客服人员还要学会查看交易详情,了解如何付款、修改价格、关闭交易、申请退款等。

(2)支付宝的流程和规则。

了解支付宝交易的原则和时间规则,可以指导顾客通过支付宝完成交易、查看支付宝交易的状况、更改现在的交易状况等。

3. 付款知识

现在网上购物一般通过支付宝和银行付款方式交易。银行付款一般建议同行转账，可以网上银行付款、柜台汇款，同城可以通过 ATM 机完成汇款。

客服应该建议顾客尽量采用支付宝方式完成交易，如果顾客因为各种原因拒绝使用支付宝交易，需要判断顾客确实是不方便还是有其他的考虑，如果顾客有其他的考虑，应尽可能打消顾客的顾虑，促成支付宝方式完成交易。

4. 物流知识

（1）了解不同物流方式的价格：如何计价、价格的还价余地等。

（2）了解不同物流方式的速度。

（3）了解不同物流方式的联系方式，在手边准备一份各个物流公司电话，同时了解如何查询各个物流方式的网点情况。

（4）了解不同物流方式应如何办理查询。

（5）了解不同物流方式的包裹撤回、地址更改、状态查询、保价、问题件退回、代收货款、索赔的处理等。

7.1.3 电商客服日常工作注意事项

1. 做好售前服务，稳住客户

（1）积极回复买家的提问。

顾客首次到访打招呼的时间不能超过 15 秒；打字速度要快，至少要达到 50 字/分钟，且不能有错别字；每次回答顾客问题，顾客等待时间不能超过 20 秒；如回答太长，宜分次回答；卖家可以考虑进行提示音的设置或设置自动回复功能，以及时回复买家的提问，但应注意的是，自动回复会让买家感到不被重视。在回复中要重视每一位客户，要重视每一个买家留言。

（2）客观地向买家介绍商品。

向买家介绍商品要实事求是，不能虚夸。网络上的交易是看不见摸不到的，因此更多的时候是凭借交易双方的信任。在介绍商品时，不要夸大商品的实际内容，对于商品的一些缺陷或不足之处，也应该坦诚相告。买家并不一定会因为这些小缺陷而放弃购买商品，反而会加深对店铺的信任。如果客服人员对商品不太了解，可以通过向厂商、批发商的营业人员询问，参观展示会及工厂，亲自试用等途径了解商品。

（3）耐心沟通。

在与买家的沟通时，应注意：第一，多向客户推送微笑图片。微笑是良好的服务态度的最直观体现。虽然在网络中交流看不到对方的表情，但可以通过表情图片进行解决。当顾客进店时，第一时间发送笑脸的表情符号，配合"××店铺欢迎光临"的字样，让买家感受到自己被重视。当顾客离店时，不要忘记发送"感谢您的光临"等字样，无论这一次是否购买,都会给买家留下良好的印象。第二,使用礼貌用语。在与买家进行沟通时,一定要注意使用礼貌用语,例如:"欢迎光临,请问有什么可以帮到您?"用亲切的话语换来买家的好感,即使买家只是随便进来逛逛,当下次需要购买商品时,也会因为你的礼貌选择你的店铺。第三,懂得倾听和复述。当买家选购商品时,客服人员要仔细倾听买家的需求,可以进行适当的询问,了解买家购买商品的用途,对买家的需求进行复述和确认,从而给出合理的推荐。买家的一个小小建议甚至能对店铺起到很大的帮助。

2. 做好售中服务,提高客户满意度

(1)对新手买家做必要的指导。

对于新手买家来讲,他们对网购模式了解不多,在线上购买的过程中会遇到各种问题,客服人员根据自己的经验判断,确定买家为新手买家时,要主动为买家提供必要的指导,使买家顺利完成交易,有可能使其成为忠实买家。

(2)核对买家信息,发出发货通知。

买家下单付款后,要与其核对收件信息,以确保邮寄地址的正确,特别是当买家的信息发生变动时,客服一定要做好记录。

对于未付款的客户,如果是在线的客户,可以在下午的时候,给客户发个信息就说快到发货时间了,如果现在付款的话,今天就可以发货。有些客户可能下单后忘记付款了,客服可以稍微提醒一下,买家就会马上付款了。对于那些没打算购买,只是一时冲动拍下商品的客户,可以手动关闭订单。

3. 做好售后服务,提高买家的回购率

(1)处理中、差评。

①处理中、差评的流程。

第一步,查看中、差评。

在卖家后台"我的评价"里查看中、差评。

第二步,记录中、差评信息。

建立一个Excel表格,把需要处理的中、差评记录在表格中,需记录内容如图7.1所示。

A	B	C	D	E	F	G
旺旺名	宝贝	评价	评价内容	处理状态	是否修改	程度
	gfive	差评	发货速度很慢,快递也很慢。手机一般。	已电话联系,下午4点会修改		一般
	gfive	差评	我就是因为看了卖家的广告说是现货比别	待处理		严重

图 7.1 中、差评信息记录表

表格记录的内容一般为:旺旺名、所购买宝贝、评价(中评或差评)。评价内容:如实记录买家的评价。处理状态:备注联系客户后的结果状态,如电话联系答应××时候修改、打款××元修改或已旺旺联系修改。程度:根据评价内容判断严重程度。

　　a. 评价字数较少,问题简单的,严重程度一般,如物流慢、服务差或漏发东西等。

　　b. 字数较多并有两个问题以上的则为中等,如服务差等。

　　c. 评价字数非常多并有两三个以上问题的则为严重,如客服回复慢、漏发、发货慢补发也慢,又列举了产品的问题,还有截图的,等等。

　　可以用文字或颜色将不同的评价内容标注清楚,如图7.2所示。

旺旺名	宝贝	评价	评价内容	处理状态	是否修	
	gfive	差评	发货速度很慢,快递也很慢。手机一般,送…	已电话联系,下午4点会修改		注:红色为严重
	gfive	差评	我就是因为看了卖家的广告说是现货比别…	待处理		橙色为中等
	gfive	差评	气死我了,手机充电是热到快爆,都算了过…	待处理		绿色为一般

图7.2　中、差评评价内容标注

　　第三步,搜索中、差评客户。

　　复制所有需处理的中、差评客户并在后台搜索。点击联系客户旺旺,在旺旺聊天窗口中全部都有。

　　第四步,联系客户,处理中、差评。

　　评价程度严重的先处理。查看聊天记录,了解客户情况,旺旺在线的旺旺联系,不在线的则电话联系(电话联系一般在早上10点左右或下午4点后)。

　　第五步,了解客户情况后,电话联系时,先问好并介绍下自己,再根据客户的问题来帮他解答或进行安抚,然后再问是否能修改评价,何时能修改等问题。

　　示例:您好,请问是×××先生吗? 我是×××店铺的售后人员,不好意思打扰您了,您之前在我们店里买了×××产品,您还记得吗? 我这边了解到您在产品的使用中遇到点问题是吧。(就客户的问题进行提问,然后帮他解决,如并不了解客户的问题,可以询问是否在使用中有哪里不清楚。)如果您使用中有什么问题的话可以随时联系我们,我们会在第一时间帮您解决的。

　　我这边看到您给了我们一个差评,能不能请您帮我们删除呢? 现在方便上线修改一下吗? 什么时候方便呢? 那麻烦您了,谢谢哈! 祝您生活愉快,再见!

　　已修改的评价要注明,未修改的第二天继续跟进,尽可能通过与客户的沟通,使客户理解卖家的歉意和诚意,修改中、差评记录。

　　②引导买家修改中、差评。

　　中、差评是不可避免的情况,很多中、差评是由误会引起的,在卖家跟买家沟通后都能得到修改。

　　作为卖家,在收到买家的中、差评时,千万不要盲目抱怨甚至投诉买家,这样只会激怒对方,反而使问题无法解决。卖家要先冷静客观地分析一下情况,如果确实是自己的过错,要诚恳地跟买家道歉,承认己方的过失,在达成一致意见后,卖家可以礼貌地要求买家做出评价修改。如果买家不知道如何修改,卖家应详细地告知对方修改评价的方法。如果买家不愿意对评价做出修改,也要保持理性的态度。

(2)客户关系管理。

卖家要对在店铺产生过购买行为的消费者进行客户管理,将他们的个人信息和消费情况整理成表格,作为客户档案登记在册。通过对客户购买行为的分析,找到商品自身的优势和劣势,分析出热销商品和滞销商品;分析客户群的消费行为,找出主要客户群的特征,分析主要客户群和次要客户群的购买心理,扬长避短,发挥店铺的优势,弥补和修正不足的地方,进一步促进店铺的良性发展。

日常运营方面要做的客户关系管理主要分为建立客户档案和客户关系维护。

①建立客户档案。

建立客户档案后,卖家可以随时查询顾客的消费记录和会员折扣,可以从顾客的购物清单和购物频率上分析他们的消费习惯以及消费心理,以便及时跟进各种促销宣传,或者推出顾客感兴趣的优惠活动。可以使用一些如"网店管家"的网店管理软件来建立客户档案,也可以自行设计一个 Excel 表格来录入客户资料。档案中需要列明的项目主要有交易日期、顾客 ID、真实姓名、电子邮箱、联系电话、收货地址、购买商品、成交金额、购物赠品、会员级别等。

②客户关系维护。

客户群是商家的重要资源,也是店铺的核心竞争力之一,做好日常的客户管理和维护,可以有效地提高顾客的忠诚度,增加店铺的黏性。

a. 买家级别设置。

卖家可以根据不同的交易金额和交易笔数,对买家进行划分。在添加买家为好友的基础上,对买家进行分组,如分为 VIP 买家或高级买家等,给予买家不同的优惠折扣,以维护老顾客和增加店铺吸引力。

b. 客户回访。

根据查询百度搜索相关信息,开发一个新客户的成本大约是维护一个老客户成本的 6 倍,可见维护老客户是何等的重要。定期对客户进行回访,意在通过提供超出客户期望的服务来提高客户对商家或产品的美誉度和忠诚度,从而创造出新的销售机会。客户回访分为周期性回访和节日回访。商家若进行周期性回访,询问客户对商品和服务的感受,可以表达出卖家良好的服务态度和职业精神。卖家也可以在重大节日前回访客户,向他们传达节日问候和祝福,特别是对于经营重复消费品的商家来讲,客户回访不仅可以得到客户的认同,还可以创造客户价值。

通过这些售后关怀来使商品和企业的服务行为增值,借助老客户的口碑来提升新的销售增长,这是客户开发成本最低也是最有效的方式之一。

c. 新品通知。

在交易圆满完成之后的回访中,询问客户是否介意收到店铺的新品通知和促销信息,如果客户的反应是积极的,在有新品上架或者店铺推出促销活动时,就及时用阿里旺旺或其他沟通方式通知他们。但是新品上架通知和店铺促销活动要设计巧妙,一切要从客户角度来考虑,这样才能创造出良好的销售业绩。

7.2 营销推广

店铺的营销推广是增大店铺的曝光率、提高销量的有效手段。电商平台营销推广的渠道大概来分有两个渠道:一为站内推广,二为站外推广。

7.2.1 站内推广

1. 主要付费类

随着电商行业的快速发展,以及一波流量红利期的到来,如何抓住机遇,付费推广成为一种重要的营销手段,简单说,付费推广就是通过付费渠道正确花钱,实现低投入高回报就成了大家十分关注的问题。下面介绍站内推广主要的几种付费方式。

(1)淘宝直通车。

淘宝直通车是为专职淘宝卖家量身定制的、按点击付费的效果营销工具,为卖家实现商品的精准推广。淘宝直通车的推广,在给商品带来曝光率的同时,其精准的搜索匹配也给商品带来了精准的潜在买家。

淘宝直通车推广可以实现用一个点击让买家进入你的店铺,产生一次甚至多次的店内跳转流量,这种以点带面的关联效应可以降低整体的推广成本和提高整店的关联营销效果。

淘宝直通车的优点为:多、快、好、省。多,即多维度、全方位地提供各类报表以及信息查询,为推广商品打下坚实的基础;快,即快速、便捷的批量操作工具,让商品管理流程更科学、更高效;好,即智能化的预测工具,使卖家制定商品优化方案时更胸有成竹;省,即人性化的时间、地域管理方式,有效控制推广费用,省时、省力、更省成本。

淘宝直通车的展现位置如图7.3~7.6所示。

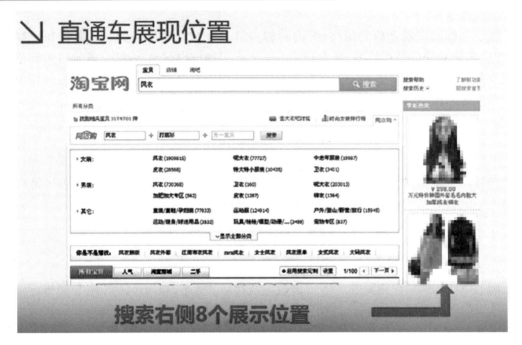

图 7.3　淘宝直通车的展现位置 1

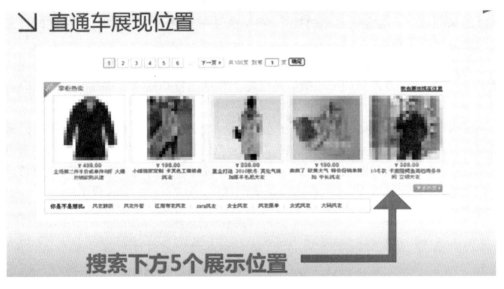

图 7.4　淘宝直通车的展现位置 2

实验项目 7　客户服务及营销推广

图 7.5　淘宝直通车的展现位置 3

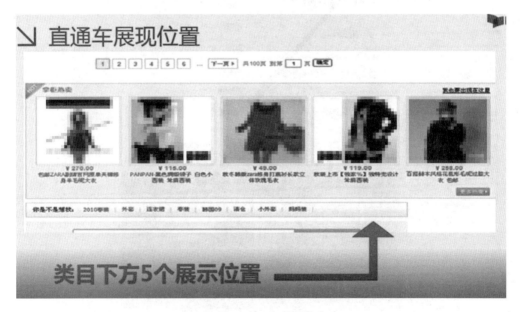

图 7.6　淘宝直通车的展现位置 4

(2)钻石展位。

钻石展位,是一个图片类广告位竞价投放平台,它是按照千次展现收费的,是为淘宝卖家提供的一种工具,依靠图片创意吸引买家点击来获取巨大流量。钻石展位,大店能做,中小卖家也能开设。对于钻石展位,许多卖家第一个反应就是"花费大,时间长,有流量但转化率不高",这些都是由于不知道如何正确投放淘宝平台钻石展位的结果,它是专为有更高推广需求的卖家量身定制的产品。下面详细介绍一下钻石展位。

钻石展位的设置精选了淘宝最优质的展示位置,通过竞价排序,按照展现计费。性价比高,更适用于店铺、品牌的推广。

钻石展位的操作流程,如图7.7、7.8所示。具体包括进入产品系统、确认服务协议、挑选展示位、账户充值、创建计划、创建图片和等待投放。

图7.7 "营销中心"中选择"我要推广"

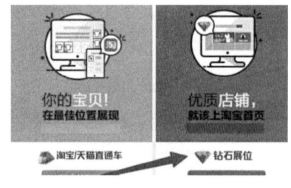

图7.8 钻石展位的位置

钻石展位的三大优点:第一、超低门槛。即使花很少的钱也可以买到淘宝最有价值的展示位。第二、超炫展现。展现形式更炫丽,展现位置更大,展现效果更好。第三、超优产出。信息不展现不收费,自由组合展示的时间、位置、花费,轻松达到最优异的投产比。

(3)超级推荐。

超级推荐的本质是信息流广告推广工具,帮助卖家获取更多的推荐流量。信息流广告就是系统的算法会猜测消费者近期可能需要买什么东西,然后向消费者主动进行推送。比如搜索并打开网页中某个婴儿床后,系统就会给消费者推送更多的其他款式的婴儿床,如图7.9所示。

图7.9 消费者搜索婴儿床后获得的相关推送

其实可以简单将其理解为淘宝或天猫平台内部产品推荐窗口模块,就是具有推荐机制和功能的引流工具,对店铺有流量扶持,通常情况下显示在所有订单下单的页面的下方,推荐该用户正准备下单的产品同款或者类似产品。

使用超级推荐应注意以下问题。

①超级推荐不是店铺的救命稻草,它的存在不是为了帮店铺获取精准流量,而是帮店铺放大精准流量。如果过于追求回报率,是不适合投放超级推荐的,投放超级推荐应该关注收藏加购成本,以及对店铺免费流量的拉动效果。

②被推广的产品最好有 10 个以上评价,三四个以上买家秀,再投放超级推荐,如果是标品最好有 20 个以上的有实际意义的评价再投放。店铺基础太差的,特别是还处于第一层级的,宜开通淘宝直通车,不适合投放超级推荐,因为店铺流量太小,根本就没有明确的人群标签,系统也不会知道你的人群是什么,完全通过超级推荐来测试,那需要大量的时间和试错成本。不管是钻石展位,还是超级推荐,系统给出的定向人群都是以店铺和产品本身的人群为基础,比如相似店铺人群、智能定向人群等。

③淘宝直通车和超级推荐可以同时投放,它们是两个完全不冲突的推广工具,访客互相重叠的比例非常低,展示位置也完全不同,它们可以互相促进,一般通过淘宝直通车进行精准人群定位,这样超级推荐获得的展现更精准,超级推荐的点击人群也会进入淘宝直通车的精选人群,适合提高溢价让他们二次进店。

④超级推荐一开始会根据产品现有人群进行推送,其前期的表现如何是取决于产品的。如果产品人群本身不精准,先投放淘宝直通车修正产品人群,再来投放超级推荐。

(4)淘宝客。

淘宝客是一种按 CPS(Cost Per Sale)即按成交计费的推广模式,淘宝客只要从后台推广专区获取商品代码,任何买家经过卖家申请的推广链接进入淘宝卖家店铺完成购买并确认收货后,卖家就需要给淘宝客支付相应的佣金。

其优点有:有效促进商品销售;点击广告后,可直接进行购买操作;用户可见度高,覆盖范围广;多个网站、多个页面显示,增加商品的曝光率;费用低,性价比高;与用户喜好精准匹配。

加入淘宝客主要有两种方法。

方法一:进入从卖家中心,在"营销中心"中点击"我要推广"进入到淘宝客申请入口进行申请,如图 7.10 所示。

方法二:直接从链接进入淘宝客,点击"进入我的淘宝客",页面左侧账户中选择"加入淘宝客",如图 7.11 所示。

淘宝客推广利用的平台很多,满足了很多网上买家的需求,通过很多大、中平台进行推广,或通过链接进行高效推广。

实验项目 7 客户服务及营销推广

图 7.10　淘宝客申请入口

图 7.11　从链接进入淘宝客

2. 平台活动

网店的竞争越来越激烈,各网店平台也相继推出了一些有助于推广的活动,下面就为大家介绍下天天特价这种平台活动推广方式。

(1)报名天天特价商品的条件。

报名商品库存须在 50 件及以上;报名商品近 30 天的历史销售记录必须在 5 件及以上;报名商品若为淘货源认证淘宝商家提供的 1688 商品,无历史销量要求;除特殊类目商品外,其他报名商品的报名价格须满足《天猫及营销平台最低成交价规则》"营销平台 15 天最低成交价"的要求;报名商品必须设置商品限购数量,限购数量最高为 5 个(特殊类目除外);品牌商品必须有品牌方提供的售卖证明,或者商品以报名库存为要求的购买发票,或者有品牌渠道商的资质证明;自有品牌商品须提供自有品牌的相关证明。

除特殊类目商品外,其他报名商品必须支持包邮。

(2)天天特价活动操作步骤。

步骤一:登录淘宝网,进入卖家中心,在淘宝的卖家中心的左侧找到"营销中心"的"天天特价"选项,如图 7.12 所示。

图 7.12 "营销中心"的"天天特价"选项

步骤二:新跳转的页面就是天天特价了,在右侧找到"我要报名"入口,如图 7.13 所示。

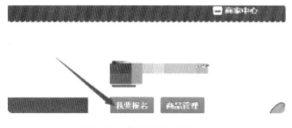

图 7.13 "我要报名"入口

步骤三:按照需要选择一个报名的日期,然后进行报名,如图7.14所示。

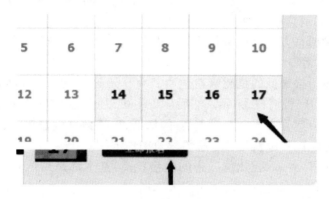

图7.14 选择报名日期

步骤四:进入有不同主题的天天特价新的页面,根据不同的产品选不同的主题,如图7.15所示。

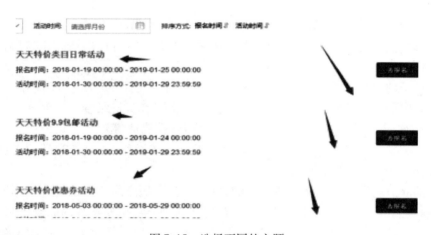

图7.15 选择不同的主题

步骤五:仔细阅读要求,点击"下一步"。

步骤六:按照提示步骤完成操作就可以了,最后就是等待能不能通过。

7.2.2 站外推广

所谓的站外推广就是在第三方平台上发布店家需要发的信息,比如微博、微信以及论坛等,通过这些平台发送的信息以及链接就是一种网店站外推广的方式。

1. 微博

众所周知,微博的圈子是开放式的,所以微博做推广的手法是多样的。

(1)微博官方自有广告渠道。

经常看到的微博官方自有广告位包括:超级粉丝通,开机报头,通栏广告,博文橱窗广告,话题热位广告等。

其中初始投放价格最低的是超级粉丝通,5 000元起投,35元/千人成本。意思就是每1 000人刷到你的广告消耗35元。然后广告主可以随时控制费用的流出。算是对于小本经济最好的官方广告方式。其优点是:门槛低,价格数据好监控,效果相对好。缺点是:需要高级的文案、图片以及足够了解粉丝通用户定位。

开机报头、通栏广告、话题热位广告的价格较高,基本都是最低几万到几十万不等。一般除了企事业单位、大型公司外,很少有人选择。

(2)粉丝矩阵账号互推。

粉丝矩阵互推,这个属于人际资源问题,前提是需要认识一些行业对口,或是大V(微博个人认证、拥有众多粉丝的用户)。当然这些大V也是可以进行博文投放广告的,售价也较高。

2. 论坛

以论坛、社区、贴吧等网络交流平台为渠道,以文字、图片、视频为主要表现形式,以提升品牌、口碑、美誉度等为目的,通过发布帖子的方式进行推广的活动,就叫论坛推广,也被称之为发帖推广。

推广帖子的内容不管怎么写,其具体切入点一定要在产品卖点与用户需求中找平衡,要既能展现产品的亮点,又能满足用户的需求,将二者有机结合。比如推广的是减肥产品,用户的需求中包括:安全、无毒、不反弹、纯天然、快速等。而卖家的产品最大的卖点是绿色、安全、不反弹,以及3个月无效全额退款。在操作时,应将产品的卖点及用户的需求和期待相结合,撰写推文。

在产品卖点与用户需求中寻找平衡的方法是:首先把产品所有的特色、优势、亮点写出来,并列优先级;其次再把目标用户与所有的需求、期望、需要解决的问题也写出来,也列好优先级;最后对比,看看这些卖点能帮用户解决哪些问题,先以解决优先级高的为主,抓住消费者的重要需求。

论坛的帖子质量直接决定网友的关注度。衡量一篇热帖的基本标准,就是这篇帖子是否能够为店铺带去流量,是否能为店主找到潜在客户,并最终将流量转化为一定的销量。

那么论坛的信息该如何进行发布呢?一般情况下,内容编辑完成后就可以在论坛中发帖了,使用账户进入选定好的论坛,选定好板块发帖。

淘宝论坛发帖步骤。第一步,点击在右下角"发帖"按钮。第二步,点击"帖子"选项,进入发帖界面,如图 7.16 所示。

图 7.16 淘宝论坛发帖

除了以发帖的形式推广外,还要利用一切可利用资源进行辅助,包括在平常与坛友的互动聊天中,融入广告信息;直接通过论坛内置站内短信功能,给用户推荐产品;在签名当中插入广告;等等。

实验项目 8
Chapter 8

电商直播及带货

实验目的：了解电商直播软件及使用方法。

实验任务：下载抖音 App，注册并开通直播功能。

近年来，抖音、快手等短视频平台崛起，全新的电商直播带货的热潮也随之而来。人们的购物习惯在渐渐发生转变。相比传统电商平台卖货，直播带货通过真人视频动态讲解，更加具有"场景化、生活化、互动化"等特点，能够让用户更加直观地看到产品的使用效果，同时又满足受众的社交互动需求。这让购物过程更加有趣和有针对性，从而极大刺激大众消费。当然，除了满足消费者的购物需求，直播带货还取决于主播的个人魅力，通过优质商品与低价增加用户的黏性。

电商直播，对于消费者来说，是一种全新的购物方式。电商直播在法律上属于商业广告活动。电商直播带货重构了传统电商平台、卖家、买家之间的关系，转而进化为幕后商家、幕前主播、粉丝消费者的新型关系模式。屏幕前的主播主要承担"广告代言人""广告发布者"或"广告主"的责任，同时又具有消费体验者和分享者的身份。但是作为商业行为的既得利益者，主播销售假冒伪劣产品也要承担法律责任，商家和电商直播平台也要承担相应的连带责任。

中国直播电商起源可以追溯到 2016 年，作为中国直播电商首创者的蘑菇街在全行业率先上线视频直播功能。之后淘宝、抖音、快手等一众具有电商直播功能的 App 如雨后春笋般地掀起一轮轮直播购物浪潮。中国电商直播、短视频及网络购物用户规模持续增长，电商直播用户规模近 4 亿。

作为手机电商直播 App 中的翘楚，抖音一直备受中国移动互联网网民的关注。

抖音短视频是由今日头条孵化的一款音乐创意短视频社交软件，是专注年轻人的 15 秒音乐创意短视频社区，用户在上面可以随时随地发布视频，可以和更多志同道合的朋友一起交流。用户可以通过这款软件选择歌曲，拍摄音乐短视频，形成自己的作品，可根据粉丝的爱好来更新粉丝喜爱的视频，也可以在粉丝达到一定规模后直播带货，将流量转化为收益。接下来详细地介绍抖音的直播功能和电商直播带货功能。

8.1 如何注册并登录抖音账号

首先要指出的是,抖音 App 即使不注册,也能观看短视频,但是功能将会受到诸多限制。有以下具体的注册及登录步骤。

步骤一:注册前的准备。进入手机的应用商店或者软件商店,搜索抖音,并下载安装。

步骤二:打开手机抖音应用。

步骤三:进入抖音的界面后再继续点击页面下方的"我的"选项。

步骤四:进入"我的"界面然后在弹出的页面中点击"输入手机号注册"。

步骤五:输入手机号以后再看清楚下面的协议,协议下面有一个箭头,点击箭头。

步骤六:进入手机号注册的页面,将收到的验证码进行输入,再点击下面的箭头。

步骤七:进入需要完善个人信息的页面以后,把各项信息都填写完整(包括生日和昵称等),然后再点击"照相机"按钮。

步骤八:选择进入自己的相册里面,然后选择一张照片作为自己的"头像"。

步骤九:然后再点击页面下方的"确定"按钮。

步骤十:现在返回到个人主页就可以看见账号已注册并登录成功。

8.2 如何在抖音直播和带货

如图 8.1 所示,在手机桌面上找到抖音 App 图标,应注意,抖音短视频同时有抖音和抖音极速版两个 App,抖音极速版可以刷短视频并获得奖励金,但是不能直播更不能带货,所以这里选择没有极速版标志的抖音音符图标。

进入抖音界面,右下角出现"我"选项,点击进入,如图 8.2 所示。

如图 8.3 所示,右上角的"三横"标志表示菜单功能,点击打开。

如图 8.4 所示,点击"创作者服务中心"。

图 8.1　进入抖音 App

图 8.2　点击右下角"我"选项

图 8.3　打开菜单

图 8.4　点击"创作者服务中心"

如图 8.5 所示,点击"直播攻略",可以学习直播技巧和注意事项,学习完继续向下滚动页面。

如图 8.6 所示,找到"商品橱窗",点击打开。

如图 8.7 所示,如果只需要带货,不用"开通小店",只需打开商品分享权限。

实验项目8　电商直播及带货

图8.5　直播攻略

图8.6　商品橱窗

开通商品分享权限的必备条件有：实名认证、缴纳商品分享保证金（500元起）、个人主页视频数大于10条、粉丝数量超过1 000名，满足以上条件就可以点击"我已阅读并同意协议"单选控件，立即申请商品分享功能权限，如图8.8所示。

图8.7　商品分享权限

图8.8　商品分享功能申请

如图8.9所示,回到首页,点击"+"开始视频直播。

如果此时还未开通商品分享权限,可以点击"商品",跳转商品橱窗权限申请页面,如图8.10所示。

图8.9 开始视频直播

图8.10 跳转商品橱窗权限申请页面

如图8.11所示,此时可以开始直播了。直播分为前置或后置摄像头直播(电商直播带货主要是摄像头直播),以及录屏直播(游戏直播)。

直播页面下方有许多功能,如选择PK就可以邀请其他主播PK直播数据,也可以点击"…"打开扩展功能,如图8.12所示。

图8.11 直播画面

图8.12 扩展功能

8.3 直播优势与进阶技巧

8.3.1 抖音主播带货的阶段进阶

(1) 纯图文叠加阶段,难度低,单独一个软件就可以搞定。
(2) 直接拍摄产品视频,不露脸,机器人语音或者没有语音,直接配音乐。
(3) 拍摄产品视频,真人出镜,无表演剧情。
(4) 拍摄产品视频,真人出镜,有剧情。
(5) 拍摄产品视频,真人出镜,直播带货。

8.3.2 直播卖货的优势

1. 网红主播自带流量,粉丝效应更强

传统电商平台抢占的是搜索前置的流量,流量不确定,价格又贵。而网红直播可以靠着高人气更好地展示产品,通过粉丝效应卖货。

2. 主播卖货成本更低,利润更高

相对实体店,主播直播带货省去了店铺租金、人工等费用,只需一个人操作,搭配厂家提供的优质低廉价格,让粉丝买得开心、用得放心,大大提升复购率。抖音主播规模已经超过 300 万个,拥有超过 10 万粉丝的电商主播月收入可达 5 万,每月电商主播增速超过 10%,电商内容覆盖的消费者规模每日超过 1 亿人次。同时,直播 App 接入拥有货源的电商平台,并推出了购物车、抖店等功能,电商业务占比规模正在逐渐扩大。

8.3.3 抖音直播上热门的三个小技巧

1. 抖音直播上热门小技巧一

话题与人群画像。话题可以帮助系统精准地定位主播的视频内容,推荐更精准的人群画像,冷启动阶段效果会更好。发布视频的时候有一个"#话题",一定要把这个功能好好利用起来。发布每一条抖音内容的时候都要记得加上话题。比如做的是穿搭账号,商品推广类的穿搭账号发布内容的时候一定要选择"#穿搭",系统在判断你的话题之前,就可以把你添加的这个视频推荐给之前浏览过穿搭话题的人群,因为他们本身就喜欢看穿搭类的内容,所以说这些人群是更加精准的人群,突破了系统对视频内容的判断。如果想直接推广给精准人群,就可以用到这个话题了。

2. 抖音直播上热门小技巧二

节日与热度事件。中国注重传统节日,所以做抖音内容的时候一定要提前考虑。最近有没有比较大的节日,日历上面都有提醒,要根据当时的时间去制作一些与节日相关的内容,比如说中秋节这样的全民节日,在抖音上面是非常火的,主播就可以运用中秋节的元素去制作抖音内容,如运用月饼、嫦娥奔月等等去制作节日符合度比较高的内容,而且节日都能够提前知道,在节日之前就要提前准备好内容,以便在节日当天或者节日之前的那几天提前把节目内容发布出来,获得不错的流量。

3. 抖音直播上热门小技巧三

简介与爆款事件。注意简介并不完全等于内容。可以用简介与热门事件相关联,又如做美食账号的,可以在简介的时候加上"吃了这碗面,出发去成都";再比如做街拍的,可以在简介里写"不要再去成都了,美女都在这里!",这么一句简介,就轻松把简介关键词与热点事件关联起来,从而获得不错的流量,以及关系这个热度事件人的评论。通过简介与热门事件相关联这个方法是目前很多抖音用户都在使用的一个方法,它的获取流量能力非常强,并且吸粉效果也是非常不错的。

模块三 外贸电商创业实践

实验项目 9

Chapter 9

全球速卖通店铺开通流程及开通条件

实验目的：了解全球速卖通开店的流程和相关要求。

实验任务：进入全球速卖通官网首页，按照流程注册一个全球速卖通店铺账号并绑定邮箱，不要求绑定支付宝。

开通速卖通店铺的顺序是：开店准备—账号注册—实名认证—经营大类申请—缴费。

9.1 开店准备

全球速卖通是目前跨境电商领域发展较快的零售平台，被称为"国际版淘宝"。随着跨境电子商务发展日趋完善，全球速卖通平台也随之不断发展和完善，不断改善平台的规则和要求，为卖家提供更好的服务，为买家提供更好的购物体验，实现"货通全球"的目标。在全球速卖通平台销售商品首先需要入驻平台，开通店铺。为更好地了解平台要求，本实验项目主要介绍有关全球速卖通平台入驻的流程及要求。全球速卖通平台入驻流程有以下几个步骤。

第一步，登录全球速卖通官网：http://seller.aliexpress.com/。

第二步，在官网首页找到"招商计划"，并点击进入"开店全指南"，如图9.1所示。

图9.1 进入"开店全指南"

第三步,了解开店要求及步骤,如图9.2所示。

图9.2 开店要求及步骤

在全球速卖通平台,不同的店铺类型在入驻平台时,在开店企业资质、平台允许的店铺数、单店铺可申请品牌数量、需提供的材料方面有不同的要求,所以需要根据相关要求做入驻平台准备。

9.2　账号注册

第一步,登录全球速卖通官网首页,点击"立即入驻",如图9.3所示。

图9.3　全球速卖通官网首页

第二步,注册账号。在"公司注册地所在国家(中国商家选中国大陆)"中选择"中国大陆",点击"下一步",填写相关信息,如图9.4所示。

图9.4　注册账号

第三步,验证手机号以及邮箱号。验证信息会发送至手机,如图9.5所示。

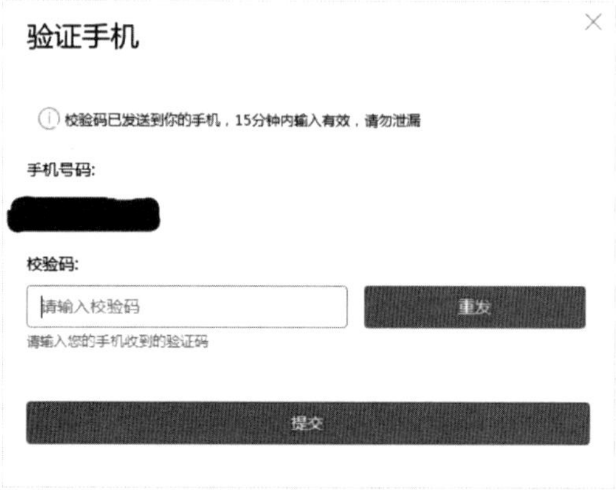

图9.5 手机验证

验证信息会发送至邮箱,进入邮箱完成注册,如图9.6所示。

图9.6 邮箱验证

第四步,手机号以及邮箱号验证后,登录账号,完成实名验证。

在全球速卖通发布产品销售之前,企业必须完成实名认证。每个企业只能认证6个速卖通账号(主账号);认证主体不允许变更,如不允许认证的公司从 A 公司变为 B 公司,统一社会信用代码从 A 变为 B。如果统一社会信用代码不变,只是更改公司名称、法人名称是允许的。

实验项目9 全球速卖通店铺开通流程及开通条件

注册账号后登录店铺,完善信息。完善信息分为两部分:第一部分为选择公司类型,第二部分为选择认证方式。其中认证方式包括企业支付宝授权认证以及企业法人支付宝授权认证(法人个人支付宝),如图9.7所示。

图9.7 认证操作界面

选择企业支付宝授权认证,登录企业支付宝账号授权即可,所以这种方式的前提是客户已经在支付宝申请了企业账户,如图9.8所示。

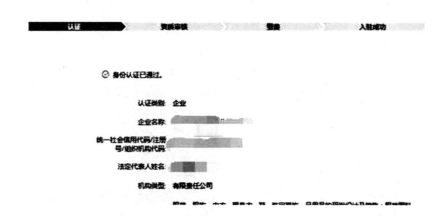

图9.8 企业支付宝授权认证

选择企业法人支付宝授权认证,不需要企业支付宝账号,只要在认证页面提交相关资料和法人的个人支付宝账号授权即可,资料审核是两个工作日,如图9.9所示。

图9.9 企业法人支付宝授权认证

9.3 申请经营大类

全球速卖通为帮助更多优秀的中国制造浮现出来,面向全球买家,将始终围绕着消费者体验,给买家更愉快的购物体验。因此,全球速卖通不仅对商家的商品、服务提出更高要求,同时对平台自身的规则体系、运营体系、商家服务体系也提出了更高要求。自2017年5月9日开始,全球速卖通对商家经营的商品开启审核制招商,商家需经过商品商标审核后方可经营。需经过审核的经营大类的商品主要包括:美容个护(含护肤品)、口罩等防疫物品、服装服饰、成人用品、健康保健、运动娱乐(含电动滑板车)、3C数码(除内置/外置储存、电子烟、手机、电子元器件)、化纤发、假发零售业(定向招商)、百人发(定向招商)、电子元器件、手机等。目前,全球速卖通平台共有16大经营范围、20个经营大类,第9、第10经营范围下存在多个经营大类,卖家需根据经营方向申请经营大类权限。单店只能选择一个经营范围和一个经营大类,但第9、第10经营范围可选择多个经营大类,如果申请多个经营大类,则保证金为经营大类中的最高金额,如图9.10所示。

9	健康保健	1万	以下类目可共享发布: Skin Care Tool 护肤工具
		1万	以下类目可共享发布:
10	3C数码 (除【内置存储】、【移动硬盘,U盘,刻录盘】 、电子烟、手机、电子元器件) (投影仪定向邀约)	1万	Security & Protection 安全防护 Office & School Supplies 办公文教用品 Phones & Telecommunications 电话和通讯 Computer & Office 电脑和办公 Consumer Electronics 消费电子
	内置存储,移动硬盘,U盘,刻录盘	1万	Computer & Office Internal Storage 内置存储(包含内置固态硬盘、储存卡、存储卡配件(读卡器、存储卡卡套/适配器/转接器/内存卡盒)、固态硬盘托架和支架) Computer & Office External Storage 移动硬盘,U盘,刻录盘(包含刻录盘、外置机械移动硬盘、外置固态硬盘、硬盘壳包、硬盘盒、U盘)
		3万	
	手机	3万	Phones & Telecommunications Mobile Phones 手机
11	电子元器件	1万	Electronic Components & Supplies 电子元器件

图9.10　第9、第10经营范围保证金一览表

店铺经营大类申请有如下步骤。

第一步,进入店铺后台,先点击"账号及认证",再点击"立即申请"即可,如图9.11所示。

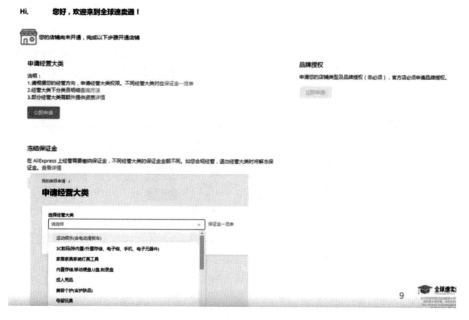

图9.11　申请经营大类

第二步,选择对应的经营大类,此处请注意,如果出现需要额外勾选的类目,须查明这些类目是否需要额外提供资质,如图9.12所示。

图9.12 选择经营大类

第三步,品牌授权,如图9.13所示。卖家可以在入驻全球速卖通开店前完成品牌的权限,也可以在开店后、经营过程中随时申请(推荐),此步骤非必须完成。

图9.13 品牌授权

实验项目 9　全球速卖通店铺开通流程及开通条件

第四步,缴纳保证金,如图 9.14 所示。新弹出支付宝页面请您登录绑定,建议绑定企业法人个人支付宝账号;如果店铺在经营中,支付宝账号不允许更换,只有操作申请类目推出成功了,保证金结算完成,才允许更换。

图 9.14　缴纳保证金

第五步,绑定完支付宝后请确认并勾选同意协议,点击"确认缴纳"按钮,如图 9.15 所示。保证金在绑定的支付宝账号余额冻结。

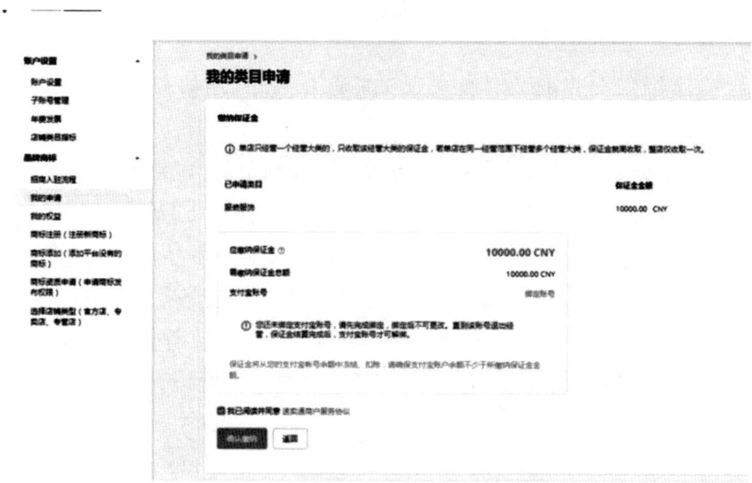

图 9.15　确认缴纳

实验项目10
Chapter 10

数据分析选品

实验目的:明确数据指标所代表的意义,熟练掌握数据分析的步骤和方法。

实验任务:根据店铺后台数据选出待售商品关键词;根据店铺前台数据选出待售商品,选出一款爆款产品和一款利润款产品。

选品的重要性不言而喻,就像射击打靶一样,瞄准才行。选品是最难的一项任务,一个店铺有没有拿得出手的商品,对于店铺的利润有着直接的影响,对店铺的生死存亡有着至关重要的关系。跨境电商数据选品不同于内贸电商数据选品,内贸电商需要先选择一款待销售的商品,然后用数据来分析该商品的销售前景、市场竞争等各方面的信息,而跨境电商选品是利用阿里巴巴强大的后台数据直接分析出可销售的商品是什么,选出该商品进行销售。

10.1 数据分析

在全球速卖通店铺后台选择"生意参谋"选项卡,如不适应新版,可点击返回"数据纵横"。

第一步,点击"市场大盘",可了解已申请经营大类及相关大类的整体行业数据和数据的变化趋势,了解所选经营大类的近期经营状况,如图10.1所示。

第二步,点击"国家分析",可以看出对哪些国家出口商品的机会大(如图10.2所示)。GMV即Gross Merchandise Volume,主要是指网站的成交金额,包括付款金额和未付款金额。GMV虽然不是实际的交易金额,但同样可以作为参考依据,因为只要顾客点击了购买,无论有没有实际购买,都会统计在GMV里面,即可以用GMV研究顾客的购买意向。

实验项目10 数据分析选品

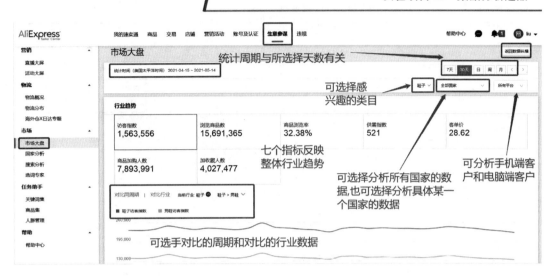

图10.1 市场大盘数据

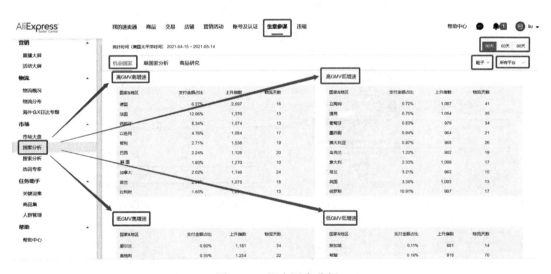

图10.2 机会国家分析

由图10.2可知德国是鞋类产品支付金额占比最高的国家,而且增长速度最快,是比较有潜力和开发价值的市场,可对德国市场进行详细分析。图10.3表示德国细分市场最近一个月的实付金额呈上升趋势,图10.4表示德国细分市场各城市分布及价格区间的购买人数,图10.5说明德国细分市场新客户及年轻客户占比较大,图10.6说明德国细分市场购买男鞋和女鞋的比例基本相同。

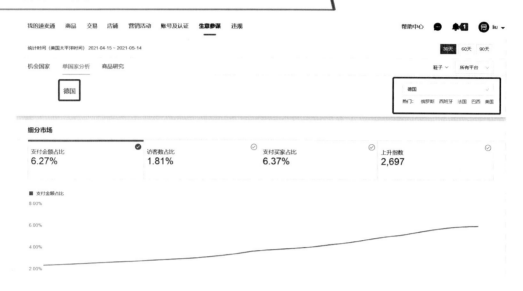

图 10.3 德国细分市场实付金额变化趋势

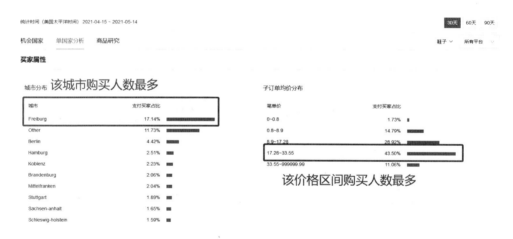

图 10.4 德国细分市场城市分布及单价分布

实验项目10 数据分析选品

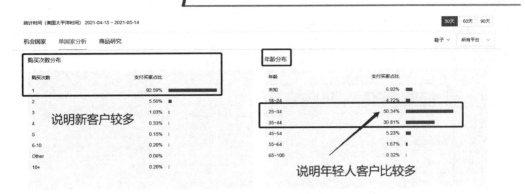

图10.5 德国细分市场购买次数及年龄分布

图10.6 德国细分市场购买性别分布

由图10.7可知鞋类产品各个国家、性别、年龄和单价的数据情况：俄罗斯是全球速卖通平台购买鞋类产品最多的国家，女性是主要的购物群体，对于年龄在25～34岁之间人群鞋类产品比较受欢迎，价格在8.9～17.28美元的价格区间时购买人数最多。整体看，在选品上可偏向选择德国、俄罗斯的年轻人喜欢的鞋。

电商创业实操教程

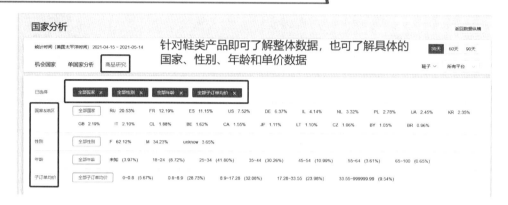

图 10.7　商品数据

第三步,点击"搜索分析",选择搜索人气高、搜索指数高、点击率高、支付转化率高、竞争指数低、热搜国家靠前的商品,这些数据能够反映出哪些商品是热销商品,点击"查看商品"即可,如图 10.8～10.10 所示。

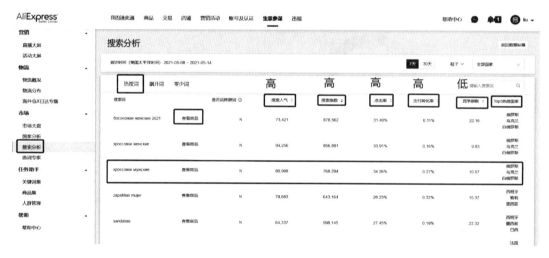

图 10.8　热搜词数据

实验项目10　数据分析选品

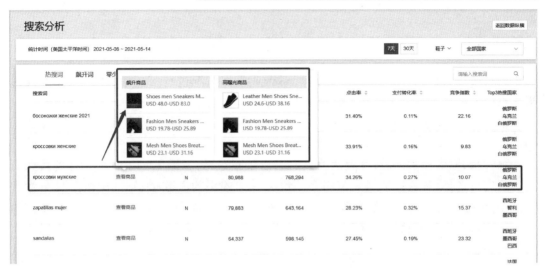

图 10.9　查看商品

图 10.10　选中商品展示

10.2 选 品

通过市场大盘、国家分析、搜索分析,对行业整体情况进行了了解,接下来需要通过买家页面的前台数据分析确定待销售商品。有以下步骤。

第一步,登陆买家首页(https://www.aliexpress.com),输入待售商品关键词(如图10.11所示)。

第二步,输入搜索词后,在展示的页面进行排序选择,如图10.12所示。首先按照价格区间进行选择,灰色柱子越高说明在该价格区间购买的人数越多;其次按照订单量进行排序,可选择订单量高的商品作为爆款产品的参考样品,选择订单量适中的商品作为利润款的参考样品;最后结合前文分析的数据及各个国家的需求偏好综合分析选出待销售的商品。

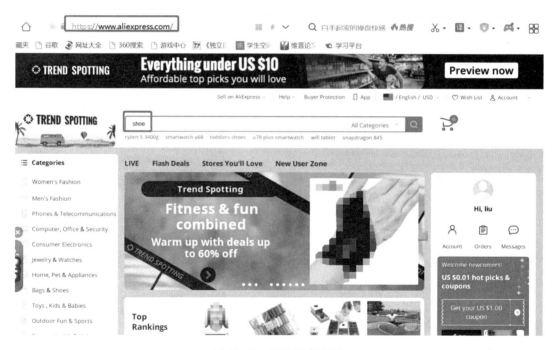

图 10.11 登录买家首页

实验项目 10　数据分析选品

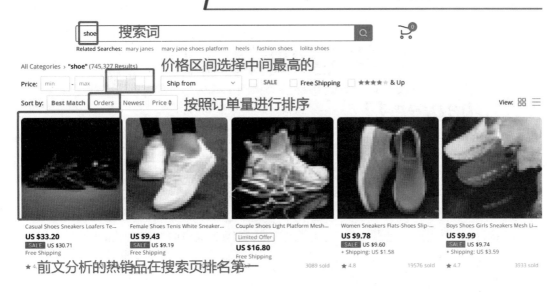

图 10.12　搜索页商品展示

第三步,按照价格区间和订单量排序后展示的在售商品可作为选品的依据和参考,如图 10.13 所示。

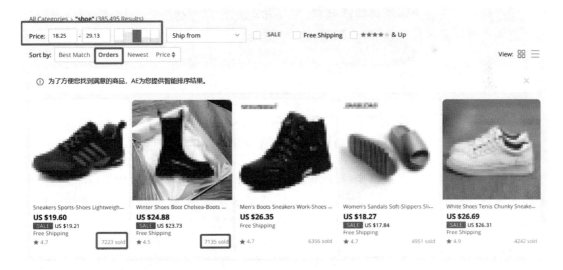

图 10.13　在售商品展示

实验项目 11

Chapter 11

标题制作及定价

实验目的:明确产品标题来源、标题制作的步骤以及价格的制定方法。
实验任务:
(1)拟定一个"完美"的标题。
(2)设置一个合理的产品定价。

11.1 标题制作

通过数据分析选出所销售的产品后,下一步要将产品上传到卖家店铺,产品上传过程中首先需要设置产品标题,每个标题最多可输入 128 个字符,如图 11.1 所示。

图 11.1 填写产品的标题

好的标题能够提高搜索曝光量,标题是最直观、最重要的产品展示内容,用来搜索产品的关键词只有体现在标题中,所售产品才能被买家搜索到,标题是买家搜索对象的首选数据源,也是直通车关键词最重要的数据源。标题制作有如下步骤。

第一步,确定标题的基本格式。标题的基本格式是:主关键词(核心关键词)+属性词(热搜和热销)+流量词(泛关键词、长尾关键词)+修饰词+功能性词(问题关键词)+……,包括名称、营销、卖点、产品使用、功能、特性、热门型号、尺寸、适用范围、适用温度、季节、节日等。

第二步,确定标题的来源。标题来源有多种:一是从产品本身挖掘出词,从产品本身可挖掘出主关键词、修饰词和功能性词,包括产品的名称、功能、特性、尺寸、型号等;二是分析和参考全球速卖通平台提供的数据找出产品的热销词、流量词等。具体有以下操作方法。

(1)从产品本身挖掘出词,如图11.2所示。

图11.2　从产品本身挖掘词

(2)分析全球速卖通平台提供的数据找词,标题制作可以参考平台首页类目导航词、下拉框搜索词、店铺后台热搜词数据、各平台同类产品热搜词数据(即参考其他卖家的标题,应选出全球速卖通上同款产品至少3家店铺的标题进行分析总结),如图11.3~11.5所示。

图11.3　类目导航词和下拉框搜索词

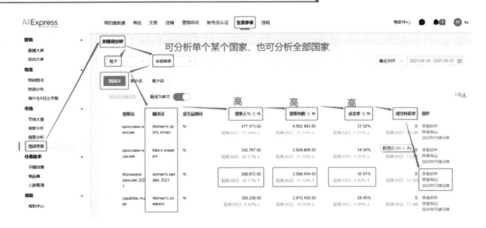

图 11.4 店铺后台热搜词数据

图 11.5 各平台同类产品热搜词数据

第三步,标题撰写及撰写注意事项。

(1)先挖掘出产品自身属性词,再去系统后台寻找买家搜索词。

(2)标题最长可输入 128 个字符,其中前半部分主关键词比较重要。

(3)标题中同一个词只能用一次,大词除外,但也不得超过两次。

(4)标题中不能出现和实际产品属性无关的词。

(5)不能出现小语种词。

(6)分析出核心关键词、属性词、流量词,品类词尽量靠后放置,最重要的核心关键词要放在品类词前。

(7)标题语法应尽量简单。

(8)标题尽量不用符号分隔,可以用空格,首字母尽量大写。

(9)季节性强的产品最好加上月份,普通产品不需要加。

11.2 产品定价

在全球速卖通里,对排序有重要影响的两大因素分别是销量以及关键词。而影响销量的最关键因素则是产品的价格,因此,卖家入驻全球速卖通并选定产品后,首先要解决的问题就是产品定价。

11.2.1 产品价格构成

产品价格由货品成本、国内外运费、利润、平台佣金以及营销成本构成。

(1)货品成本包括产品价以及售后率。产品价指的是产品进货成本价格。而售后率指的是卖家卖出去的产品有一定的破损率以及丢件率,这种破损率以及丢件率会挺高产品售卖成本,比如卖家卖 100 个产品,每个产品进货成本是 50 元,总成本为 5 000 元,由于在邮寄过程中出现破损以及丢件的现象,最后完成订单的个数为 98 件,而总成本仍为 5 000 元,因此实际单个产品的成本价格就提高到 51 元。

(2)国内外运费包括国内运费以及国外运费。其中国外运费会根据国家及地区的不同而有所不同,而卖家在店铺设置产品价格时,需要注意综合考虑产品所销往的国家及地区的运费,再去制定国外运费价格。

(3)利润也就是卖家的毛利,卖家需要根据自己的营销目标,逐个产品考虑其利润,比如,在上架产品时,卖家可以分出利润款、流量款、爆款,其中利润款是利润价格相对比较高的,而流量款以及爆款则起到引流的作用,提高整个店铺的销售量,因此会把利润进行压缩。

(4)全球速卖通平台为卖家销售每件产品规定了平台佣金,也就是说卖家每销售一件产品会把销售额的一部分作为佣金支付给平台。全球速卖通平台的佣金设置一般为5%或8%,不同类目的产品其佣金不同,如图 11.6 所示。

(5)营销成本指的是卖家在运营店铺时,为了引流以及提高产品销量而参与各种营销活动,在参与营销活动中产生的成本。其主要包括店铺活动、直通车、联盟佣金。

单店经营范围	经营大类	技术服务费年费（元）	类目	佣金比例
服装配饰	服装配饰	10000	Apparel Accessories（服饰配件）	8%
			Women's Clothing（女装/女士精品）	8%
			Men's Clothing（男装）	8%
			Novelty & Special Use（新奇特特殊服装）	8%
			Costumes & Accessories（扮演服饰及配件）	8%
			World Apparel（世界服饰）	8%
箱包/鞋类	箱包/鞋类	10000	Luggage & Bags（箱包皮具/热销女包/男包）	8%
			shoes（男女鞋）	5%
精品珠宝	精品珠宝	10000	Fine Jewelry（精品珠宝）	5%
流行饰品及配件	流行饰品及配件	10000	Fashion Jewelry（流行饰品）	8%
			Jewelry Findings & Components（首饰配件和部件）	8%
			Jewelry Packaging & Display（首饰包装和展示用具）	8%
			Jewelry Tools & Equipments（首饰工具）	8%
手表	手表	10000	watch（手表）	8%
婚纱礼服	婚纱礼服	10000	weddings & Events（婚纱礼服）	5%
美容美发	护肤品	10000	Skin Care（护肤品）	8%
	美容健康	10000	Accessory & Tools（配件及工具）	8%
			Tools & Accessories（工具/配件）	8%
			Tattoo & Body Art（纹身及身体彩绘）	8%
			Skin Care Tool（护肤工具）	8%
			Shaving & Hair Removal（剃须及脱毛产品）	8%
			Sanitary Paper（卫生用纸）	8%
			Oral Hygiene（口腔清洁）	8%
			Nail Art & Tools（美甲用品及修甲工具）	8%
			Makeup（彩妆）	8%
			Health Care（健康保健）	8%
			Hair Care & Styling（头发护理/造型）	8%
			Bath & Shower（沐浴用品）	8%
			Antiperspirants（除臭）	8%
			Deodorants（止汗）	8%
			Accessory & Tools（配件及工具）	8%
母婴玩具	母婴玩具	10000	Mother & Kids（孕婴童）	8%
			Toys & Hobbies（玩具）	8%
家居&家具	家居&家具	10000	Home & Garden（家居）	8%
			Furniture（家具）	5%
家装&灯具	家装&灯具	10000	Lights & Lighting（灯具）	8%
			Home Improvement（家装）	8%
			Hardware，Bathroom Fixture和Kitchen Fixture	5%
			Tools（工具）	8%
			Garden Tools，Measurement & Analysis Instruments，Power Tools和Tool Sets	5%
家用电器	家用电器	10000	Home Appliances（家用电器）	5%

图 11.6　全球速卖通平台佣金

一级类目	二级类目	额度	三级类目	佣金
3c数码	手机配件&通讯	10000	Mobile Phone Accessories & Parts（手机配件）	8%
			Mobile Phone LCDs	5%
			Walkie Talkie（步谈机）	8%
			Communication Equipment（通信设备）	8%
	电脑&办公	10000	Industrial Computer & Accessories（工控产品）	5%
			Computer Cables & Connectors（电脑连线及接插件）	5%
			Computer Components（电脑组件和硬件）	5%
			Computer Peripherals（电脑外设）	5%
			DIY Computer（DIY 电脑）	5%
			Demo Board（开发板）	5%
			Desktops（台式电脑）	5%
			External Storage（移动硬盘,U盘,刻录盘）	5%
			Laptop Accessories类目下的Keyboard Covers, Lapdesks, Laptop Bags & Cases, Laptop Skins, Laptop Stand, Screen Protectors, Trackpoint Caps	8%
			Laptop Accessories类目下的Laptop Adapter, Laptop Batteries, Laptop Cooling Pads, Laptop Docking Stations, Laptop LCD Inverter, Laptop LCD Screen, Laptop lock, Replacement Keyboards,	5%
			Laptops & Netbooks（笔记本与上网本）	5%
			Memory Cards & Accessories（存储卡及配件）	5%
			Mini PC（Mini 电脑）	5%
			Networking（网络产品）	5%
			Office Electronics（办公电子）	5%
			Servers（服务器）	5%
			Tablets Accessories类目下的Tablet Chargers, Tablet Decals, Tablet Pen, Tablet Screen Protectors, Tablet Screen Touch Gloves, Tablet & e-Books Case	8%
			Tablets Accessories类目下的Kids Tablet, Tablet LCDs & Panels, Tablet PC Stands, Tablets Batteries & Backup Power	5%
	消费电子	10000	Accessories & Parts（零配件）	5%
			Camera & Photo（摄影摄像）	5%
			Games & Accessories（游戏及配件）	5%
			Home Audio & Video Equipments（家用音视频设备）	5%
			Portable Audio & Video（便携播放器,阅读器）	5%
			Smart Electronics（智能电子）	5%
	安防	10000	Security & Protection（安防）	5%
	办公文教用品	10000	Office & School Supplies（办公文具）	8%
	电子元器件	10000	Electronic Components & Supplies（电子元器件）	8%
	电子烟	30000	Electronic Cigarettes（电子烟）	8%
	平板	10000	Tablets（平板）	5%
	手机	30000	Mobile Phones（手机）	5%
汽摩配	汽摩配	10000	Automobiles & Motorcycles（汽摩配）	8%
			Engine Oil, Tires, Motorcycle Engine Oil,	5%
旅游及代金券	旅游及代金券	10000	Travel and Coupon Services（旅游及代金券）	8%
共享类	共享类	无	Special Category（共享类）	8%

图 11.6 全球速卖通平台佣金（续）

			Sportswear & Accessories（运动服及配件）	8%
运动&娱乐	运动鞋服包/配件	10000	Sport Bags（运动包）	8%
			Camping & Hiking（野营及徒步旅行）	8%
			Hunting（狩猎用品）	8%
			Shooting（射击用品）	8%
			Skiing & Snowboarding（滑雪用品）	8%
			Water Sports（水上运动）	8%
			Baseball（棒球运动）	8%
			Basketball（篮球用品）	8%
			Hockey（曲棍球）	8%
			Horse Riding（马术运动）	8%
			Racquet Sports（球拍运动）	8%
			Roller,Skateboard &Scooters（轮滑与滑板运动）	8%
			Rugby（橄榄球）	8%
			Soccer（足球用品）	8%
			Volleyball（排球用品）	8%
			Fitness & Body Building（健身及塑形）	8%
			Cheerleading & Souvenirs（啦啦队用品及纪念品）	8%
			Golf（高尔夫用品）	8%
			Entertainment（娱乐）	8%
			Sneakers（运动鞋，含成人及儿童）	5%
	骑行/渔具	10000	Bicycle（自行车）	8%
			Bicycle Accessories（自行车附件）	8%
			Bicycle Parts（自行车部件）	8%
			Bicycle Repair Tools（修理工具）	8%
			Cycling Equipment（骑行装备）	8%
			Electric Bicycle（电动自行车）	8%
			Electric Bicycle Accessories（电动自行车附件）	8%
			Electric Bicycle Parts（电动自行车部件）	8%
			Fishing（钓鱼用品）	8%
	平衡车	30000	Self Balance Scooters（平衡车）	8%
	乐器	10000	Musical Instruments（乐器）	8%

图 11.6　全球速卖通平台佣金（续）

11.2.2 定价方法

1. 成本定价加成法

产品定价 =（采购成本 + 物流成本）/汇率/(1 − 平台佣金 − 利润率)/(1 − 折扣率)

比如：如果销售的某围巾的重量是 0.5 千克，进货价 40 元，国内运费 5 元，运费单价 96 元/千克，挂号费 8 元，美元兑换人民币的汇率是 6.2，利润率 20%，平台佣金 5%，活动折扣 30%。则产品定价 $X = (40 + 5 + 96 \times 0.05)/6.2/(1 - 5\% - 20\%)/(1 - 30\%) \approx 15.30$ 美元

这种定价方法只需知道产品的成本（采购+物流），就可以简单地在产品成本上加上期望达到的利润率来创建价格。基于成本的全球速卖通定价策略可以让卖家避免亏损，但它有时可能会导致利润下降。比如你的顾客可能会乐意为产品支付更多的费用，从而增加利润；或者你的产品价格可能太高，导致销售产品数量减少，利润下降。

2. 竞争导向定价法（参考同行、同类产品的价格）

卖家可以在每一个产品的发布过程中去搜索该类产品在整个平台的销售情况（销量较好的价格区间），以此区间为依据定价，如图 11.7 所示。

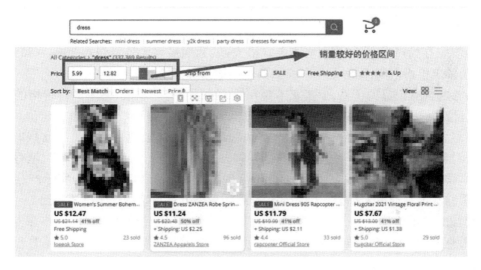

图 11.7　销量较好的价格区间

因为根据成本定价加成法来制定价格会出现价格要么过高没人买，要么过低而加剧了整个平台关于该类产品的价格战。

而参考同行的价格，可以挖掘出更多的未知的信息，并且依据竞争对手的价格，你会发现很多之前未发现的利润点，如运费成本过高、拿货成本过高、包装优化等等。

3. 消费者导向定价法

目前，全球速卖通平台的营销活动越来越重要，店铺打折、联盟营销、直通车、平台大促活动等活动会为整个店铺带来更好的销量，但同时也意味着成本的增加，利润率的下降。

所以，卖家为了后续的营销活动，在产品定价时就要有所考虑：是所有活动都不参加

直接定个最低价,还是定个稍微高点的价格以便参与平台活动。当然,如果卖家直接把价格一步到位定到最低,几乎不参加任何活动,凭着低价,抢到了更多的订单,会避免后续为各种活动来回调整价格的麻烦;而如果卖家发布产品时就定下很高的价格,而后持续地高比例打折,就会依靠高折扣引入较多的流量,同时还可以保持较高的利润率。

4. 非整数定价法

从卖家的角度出发,可能多1元少1元对自己最终的利润没有太大的影响,但是这对买家的购买行为却有很大的影响。比如我们都知道的"0.9元效应"——人们会因为觉得0.9元比1元钱要便宜而购买的欲望会增强很多;再比如定价时尽量选择一些该国家及地区人民比较喜好的数字——有些国家的顾客喜好7,不喜欢13,有些喜欢3和3的倍数,另外,打折时也应尽量采用顾客喜欢的数字或其倍数。

11.2.3 定价注意事项

(1)卖家在为产品定价时,利润不要定得太低,利润最好大致设置在30%~50%,给促销活动留出价格空间,同时要把引流款的利润适当降低。

(2)参考同行产品的价格,但卖家不要和低价的同行打价格战,参考同行价格的目的是了解行情、防止盲目定价造成价格过高或过低,卖家要在保证利润的基础上定价。

(3)经常有卖家把产品价格填错,这类问题最典型的代表就是把lot(一批)和piece(一件)搞混。有的卖家在产品包装信息的销售方式一栏选择的是"打包出售",填写价格的时候,误把lot当成piece,填了1件产品的单价。结果,买家看到的实际产品单价也就严重缩水了。这也是目前平台上某些产品的价格低得离奇的一个重要原因。

(4)注意货币单位。有一些卖家不注意货币单位,把美元看成人民币。本来是100元人民币一件的产品,最后显示出来的实际产品价格成了100美元一件,这样的产品价格只会把买家吓跑。

实验项目 12

Chapter 12

营销活动设置

实验目的:了解平台活动、店铺活动及各营销活动的用途,掌握其设置方法。
实验任务:
(1)设置一个平台活动。
(2)撰写一篇文章帖子。

12.1 平台促销活动

平台促销活动是阿里巴巴全球速卖通面向卖家推出的免费推广服务。它包含 Super Deals 活动和在特定行业、特定主题下的产品推广活动。每一期活动都会在 My AliExpress 的"营销活动"频道中进行招商。卖家可以用符合招商条件的产品报名参选,一旦入选,卖家的产品就会出现在活动的发布页面,获得推广。

如果卖家的产品被全球速卖通促销平台活动选中,它们将在单独的活动促销页面上展示出来,获得更多曝光机会,从而可能带来更多订单。

参加全球速卖通平台促销活动有以下具体报名流程。

第一步,选择"营销活动",再选择"平台活动",查看全部活动,如图 12.1 所示。

第二步,选择希望参加的活动,点击"立即报名",如图 12.2 所示,并按照页面提示选择要参选的产品,点击"参加活动"链接,填写好必需的信息,依次填写完毕,点击"提交"即可。

电商创业实操教程

图 12.1　平台活动

图 12.2　报名参加活动

12.2 店铺营销活动

与平台促销活动不同的是,店铺营销活动是每个卖家都可以参加的,卖家可以根据自己店铺的实际情况来设置适合自己店铺的活动,从而使自己店铺获取利益最大化。下面介绍几个店铺营销活动,如图12.3所示。

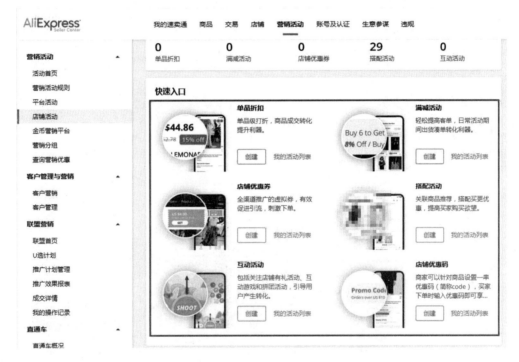

图12.3 店铺营销活动

12.2.1 单品折扣

单品折扣是商品成交转化提升的利器。卖家要想掌握单品折扣首先要了解单品折扣在哪些场景中展示,即搜索端、详情页、购物车。

场景一:搜索端。

当买家在搜索端搜索某个商品时,搜索端会展示所有的搜索结果,同时,在搜索的结果中会显示出这个产品的折扣率。

场景二:详情页。

买家进入详情页之后,可以看到单品折扣的折扣率。

场景三:购物车。

买家进入产品的购物车之后,可以看到单品折扣的折扣率。

卖家设置单品折扣营销活动对其店铺的作用为:一个单品以折扣和原价分别进行销售,其明显的区别是,这个单品有折扣,其转化率就会提升,从而带来订单量以及整个店铺的销售额的提升。建议卖家在设置商品活动时选择实时单品折扣,这可以确保当买家浏览卖家商品以及详情页时,商品会一直带有折扣率,这会刺激买家下单,提高转化率,如图12.4所示。

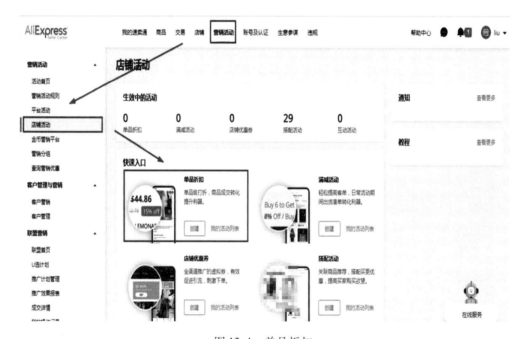

图12.4　单品折扣

图 12.4　单品折扣（续）

设置单品折扣的详细规则：卖家设置该种活动的最长时限为 180 天，并且设置活动的次数可以是无限次；卖家可以随时暂停已设置的该种活动；卖家在新增或者退出某种商品时，设置产品折扣可以实时生效；除大促以外，卖家可以随时取消锁定商品编辑以及运费模板。

设置单品折扣的技巧：首先，卖家要设置商品处于低库存状态，这样可以营造促销氛围，促使买家下单；其次，卖家要设置高折扣比例，因为这样可以提升转化率；再次，卖家要对潜力款及时做单品折扣活动，从而可以打造爆款；最后，卖家还要设置手机、粉丝和新人专享价，对人群进行分层，同时要注意粉丝额外折扣一定要设置，否则 Feed 频道的粉丝专享价帖子不能发布。

12.2.2　满减活动

满减活动是活动时间卖家出货凑单、提高客单量的有效手段。全球速卖通平台的满减活动主要包含满立减、满件折、满包邮三种类型。满立减是指买家所购买的商品其金额达到一定程度后，减免商品总金额的一定比例或者一定金额的店铺营销活动。满件折是指买家所购买的商品数量达到一定件数后，减免商品总金额的一定比例或者一定金额的店铺营销活动。满包邮是指只要买家所购买的商品达到一定金额，卖家就减免其运费。

卖家设置满减活动对其店铺的作用为：卖家在设置满减活动后，会提升买家的购买数量，再通过提升买家购买数量来提升客单价。

满减活动的详细规则：卖家可以通过 Excel 批量导入商品；卖家所设置的满减活动可随时暂停，并且活动减免梯度也可以随时调整。满减活动的详细流程如图 12.5 所示。

设置满减活动的技巧：首先，卖家要给部分商品做满减活动，从而可以打造爆款；其次，卖家对满减金额的制定是根据店铺客单价来设置的，比如，客单价 9 美金，可设置 10 美金再减免；最后，卖家要按营销分组提交报名，这样可以提高报名效率。

满减活动的注意事项：满减活动可以跟其他店铺活动优惠叠加使用，注意控制利润，否则会导致卖家亏本！

12.2.3 店铺优惠券

店铺优惠券是全渠道推广的虚拟券，优惠券可以有效促进引流，刺激下单。店铺优惠券分为领取型、定向发放型、互动型三种。领取型优惠券被用于在各种渠道发放，用户领取后可以到店使用，是引流、转化、拉新的有效手段。定向发放型优惠券不展示在卖家自己的店铺里，是用于人群定向营销，特别是对于加购、加心愿清单但没有下单的买家。互动型优惠券（金币兑换优惠券、秒抢型优惠券、聚人气优惠券）不在店铺里展示而在平台进行展示，可以将平台的访客带入自己的店铺。

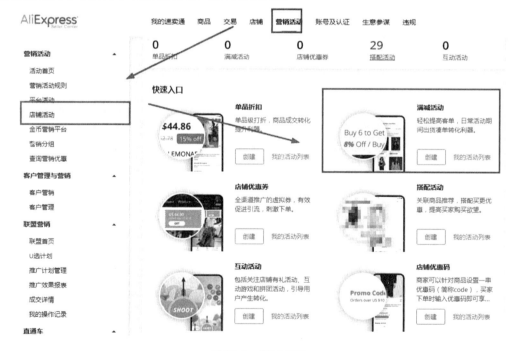

图 12.5 满减活动

实验项目 12 营销活动设置

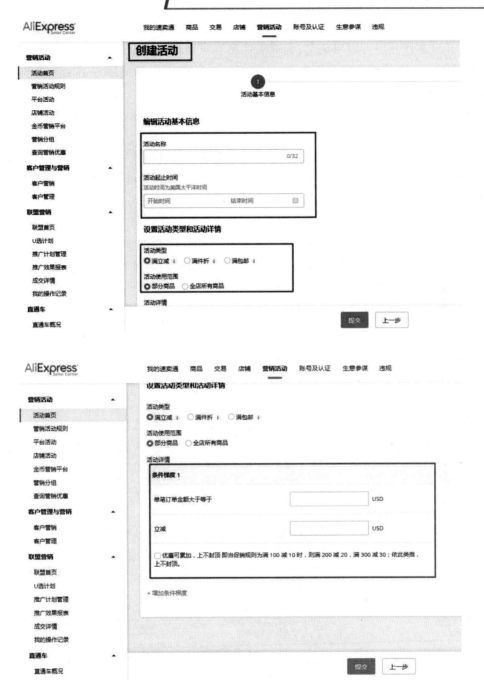

图 12.5 满减活动（续）

店铺优惠券的详细规则:卖家在设置店铺优惠券时,可以无限次地设置店铺优惠券的活动,并且客户分组可以自定义;领取型优惠券可根据不同会员等级进行设置;定向发放型优惠券可以直接按客户分组发放;卖家可以一键结束店铺优惠券活动。店铺优惠券设置的流程如图 12.6 所示。

领取型优惠券以及定向发放型优惠券的注意事项:满立减、单品折扣可以和优惠券叠加使用!

金币兑换优惠券的注意事项:金币兑换优惠券默认商品使用范围为全部商品;金币兑换优惠券使用门槛条件为 1∶3 以下,即 Coupon 订单金额/Coupon 面额≤3,例如优惠券面额为 10,那么优惠券订单门槛最高为 30,最低为不限。

秒抢型优惠券注意事项:活动开始后的 2 小时结束;优惠券的面额最低 5 美元;该类活动不会主动在店铺中呈现,在前台平台活动中会不定时获得曝光。

聚人气优惠券注意事项:聚人气优惠券商品使用范围为全部商品;优惠券订金门槛使用条件是不限,即优惠券的门槛金额为面额 +0.01;此该类活动不会主动在店铺中呈现,在平台活动中会不定时获得曝光。

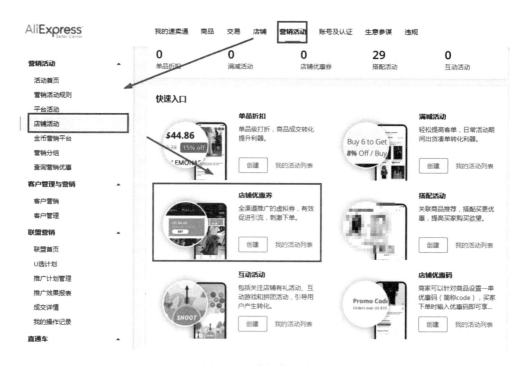

图 12.6　店铺优惠券 1

实验项目 12　营销活动设置

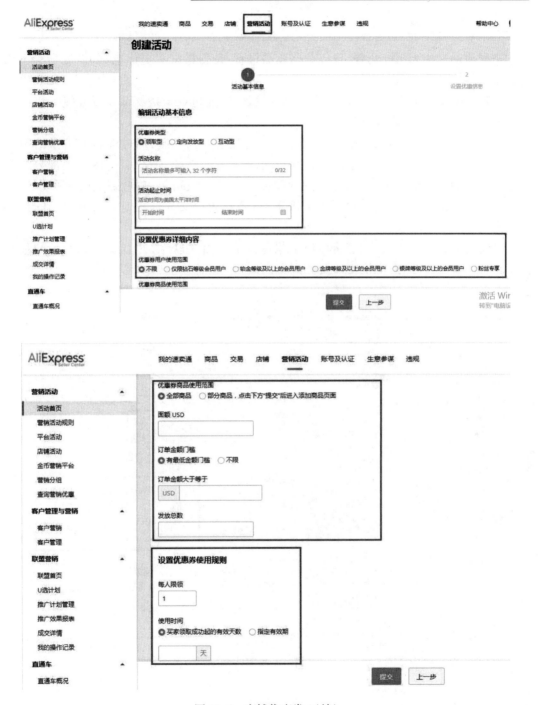

图 12.6　店铺优惠券 1(续)

12.2.4 搭配活动

搭配活动又称为搭配套餐,可以关联商品推荐,使得搭配买更优惠,从而提高买家购买欲望。

卖家设置搭配活动对其店铺的作用:为卖家可以通过设置搭配活动提高流量以及转化率,并且也可以提升店铺的客单价。

搭配活动的搭配原则:卖家可以把爆款与新品搭配在一起,通过爆款的流量给新品引流;卖家可以把产品配件与潜力品相互搭配,通过配件为潜力品引流,因为大部分配件价格较低且消费者有一定需求,低价的商品在平台可以获得较多的流量;卖家可以把新款与配件相互搭配,因为这样可以提升客单价,会使店铺交易额提升。搭配活动的具体操作流程如图 12.7 所示。

搭配活动的注意事项:卖家所设置的搭配产品要有关联性,并且要注意产品的包装体积;卖家在设置产品搭配价格时要做到真正让利,提升产品转化率!

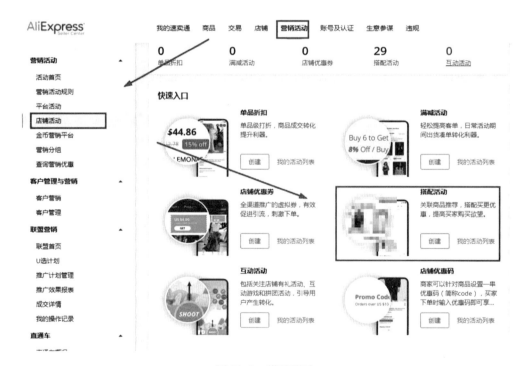

图 12.7　搭配活动

实验项目 12　营销活动设置

图 12.7　搭配活动(续)

12.2.5　互动活动

互动活动可以引导用户完成从活动到购买的转化,其包括互动游戏和拼团活动。互动活动的具体操作流程如图 12.8 所示。

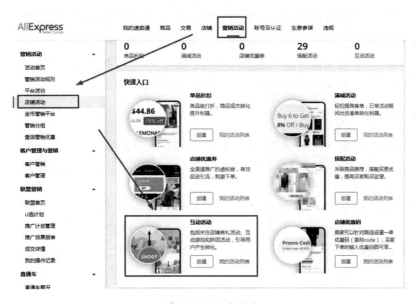

图 12.8　互动活动

图 12.8　互动活动（续）

卖家设置互动活动对其店铺的作用为：卖家在互动游戏（翻牌子、打泡泡、收藏有礼）设置完成后应把选中的互动游戏放到粉丝趴帖子中，这样可以快速吸引流量到店铺里；拼团活动类似于拼多多的"拼团"模式，是一种可以更好对外传播和拉新的工具，卖家通过拼团营销工具设置更低的折扣，可以驱动用户在站外和好友分享并共同下单。

互动游戏的注意事项：奖励优惠券的开始时间要早于互动游戏，结束时间要晚于互动游戏。

拼团活动的注意事项：买家一人发起拼团，选择商品且付款；通过社交账号分享给外部用户，被分享者通过链接来参团，选择商品并付款成功后即拼团成功；如在 24 小时之内（或者活动结束）未凑齐人数，则拼团失败；拼团失败后，货款会退回所有买家；建议卖家在设置拼团类型时选择二人团，而非多人团，尽量提高成团概率。

12.2.6　店铺优惠码

商家可以针对商品设置一串优惠码（Promo Code，简称 code），这串优惠码可以展示在全球速卖通前台或者详情页里，买家下单时输入优惠码即可享受相应优惠。店铺优惠券设置流程如图 12.9 所示。

卖家设置店铺优惠码对其店铺的作用为：优惠码在海外市场广受买家欢迎，更符合部分海外买家使用习惯和偏好，是帮助商家提升交易转化率的利器。卖家如果巧设优惠码门槛，可以提升客单价！

实验项目 12　营销活动设置

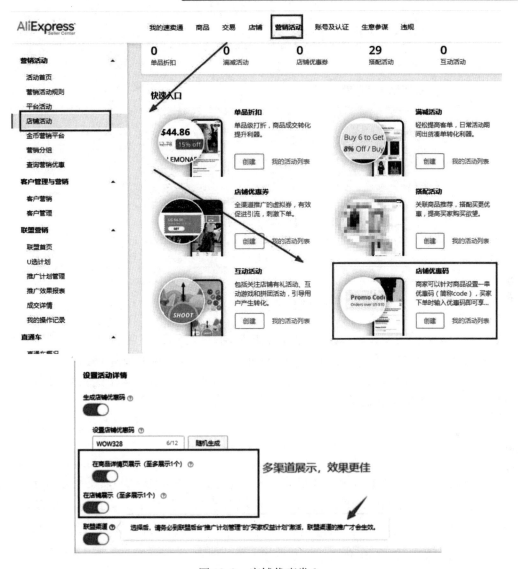

图 12.9　店铺优惠券 2

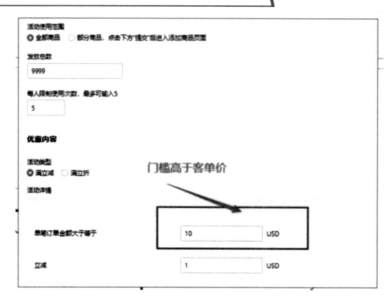

图12.9　店铺优惠券2(续)

店铺优惠码的设置技巧：卖家设置的优惠码活动生效后，会显示在店铺的显眼位置，比如店招、海报、详情页等；卖家可以搭配站外SNS(社会性网络服务)营销使用，广而告之，让更多新老用户使用，比如场景营销、IM即时聊天等；当客户提出退换货或者有纠纷的时候，可发放大额优惠码给客户。

12.3　直通车

速卖通直通车是卖家自主设置展示产品信息，通过大量曝光产品来吸引潜在买家，并按照点击计费的全新网络推广方式和快速提升流量的营销工具。直通车设置的流程如图12.10所示。

12.3.1　直通车作用和价值

直通车可以提升店铺流量，帮助店铺选品测款，快速为新品引流，快速推爆产品，提升产品自然排名以及店铺订单量和交易额，如果卖家持续设置直通车进行推广的话，可以积累产品权重。

12.3.2　直通车扣费规则

$$直通车扣费 = \frac{下一位出价 \times 下一位出价的推广评分}{自己的推广评分} + 0.1 元$$

实验项目 12　营销活动设置

直通车是按点击计费的,当买家搜索了一个关键词,而卖家设置的推广商品符合展示条件时,商品就会在相应的速卖通直通车展示位置上出现。当买家点击了卖家推广的商品时,才会进行扣费。

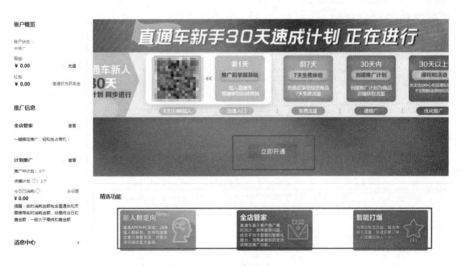

图 12.10　直通车

点击花费会受推广评分和关键词设定出价的影响,且不会超过卖家为关键词所设定的出价。卖家的推广商品与相关关键词的推广评分越高,卖家所需要付出的每次点击花费越低。最终卖家的扣费往往会小于等于其出价。

12.3.3　直通车展示位置

卖家通过速卖通直通车做推广,商品主要展示在两种区域。

(1)右侧推广区:在买家进行搜索或是类目浏览时,每一页的结果列表的右侧区域可供同时展示最多5条直通车商品。

(2)底部推广区:在买家进行搜索或是类目浏览时,每一页的结果列表的下方区域可供同时展示最多4条直通车商品。直通车的展示位如图12.11所示。

12.3.4　直通车排名规则

速卖通直通车中影响商品排名的主要因素有推广评分、关键词出价,推广评分与关键词出价越高,排名靠前的机会越大。

1. 推广评分

推广评分主要是用于衡量卖家推广的商品在该关键词下的推广质量,推广评分可以分为"优""良""－－",如图12.12所示。"优"表示有资格进入搜索结果首页右侧的主搜位,但是是否可以直接进入主搜位,还要看卖家的出价;"良"表示推广评分是较差的,没有资格进入搜索结果首页右侧的主搜位,如果想使推广评分更高,需要优化关键词以及商品信息,设置有竞争力的价格来竞争搜索结果首页右侧的主搜位;"－－"表示推广评分极低,没有办法参加正常投放,对于这样的关键词,需要给这种关键词匹配相应的产品,或者把这种关键词删掉。

图 12.11　直通车展示位置

	关键词	推广评分	推广商品数	点击率	平均点击花费	出价
	scooter		1	0	0	¥0.50
	250cc atv quad		4	0	0	¥0.40
	50cc scooter	优	1	0	0	¥0.40
	420 sprocket	优	1	0	0	¥0.40
	26mm carburetor	优	1	0	0	¥0.40
	250 carburetor	优	1	0	0	¥0.40
	125 carburetor	优	1	0	0	¥0.10
	250cc quad	优	3	0	0	¥0.10

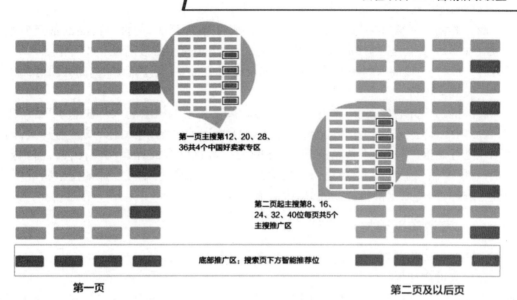

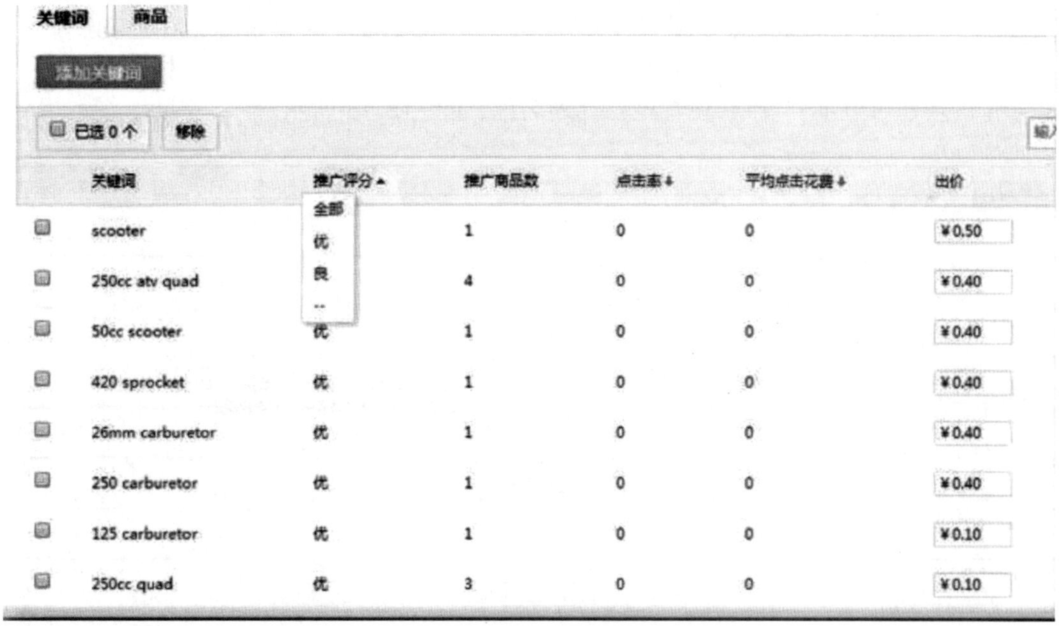

图 12.12　推广评分

卖家需要了解“优”“良”“－－”三种评级与哪些内容有关：首先，与关键词和卖家推广商品的相关程度有关(如文本信息、类目、属性等);其次,与推广商品的信息质量有关(属性填写完整程度、描述的丰富度等);再次,还与买家喜好度有关(如点击、下单、评价等行为);最后,与该商家的账户质量有关(如全球速卖通平台中该商家、商品处罚信息等)。

2. 关键词出价

相同推广评分的前提下,关键词出价越高,排名靠前的机会越大。注意事项:对于大词,在前期推广时不建议用很高的价格把关键词推到搜索结果页首页或者前几页,因为大词才刚开始推广时,是不够精准的,这样的词在转化率方面存在问题,因此,前期要出低价,后期产品权重上去了,再适当提高价格;对于精准词,它是可以保证搜索精准度的,因此,这样的词可以出高价提高曝光,吸引流量。

12.3.5 直通车新建推广计划

直通车的推广计划分为重点推广计划和快捷推广计划。

1. 重点推广计划

重点推广计划可以更好地协助卖家选出重点产品,打造爆款。目前一个直通车账户可以最多建立 10 个重点推广计划,每个重点推广计划可以容纳 100 个推广单元,即 100 个产品。在开始创建推广单元时,第一步要选择合适的产品做推广,由于直通车的扣费是通过买家对店铺商品的点击量来计算金额,因此,对于推广的商品需要慎重考虑。

新建重点推广计划有以下步骤。

(1)新建重点推广计划,设置推广计划名称,如图 12.13 所示。

图 12.13 设置推广计划名称

（2）按照产品分组、发布时间或者商品名称来选择产品,如图 12.14 所示。

图 12.14　选择产品

（3）选择关键词,如图 12.15 所示。选择关键词的目的主要在于:设置了关键词后,买家是否可以在第一时间内搜索到他想要的商品,而且恰好卖家也选择了这个关键词,这对卖家店铺销售在直通车环节起着至关重要的作用。根据卖家所选的关键词不同,出价也不同,出价按照搜索量从高到低排序。选择高搜索量的符合自己店铺的关键词,才会使得利益最大化。

图 12.15　选择关键词

（4）设置成功后,可以根据店铺需求再修改关键词出价以及管理推广计划,如图 12.16 所示。注意图中的友情提示,即建议卖家至少每两周关注一下推广计划的各项数据表现,并及时调整关键词以及出价!

图 12.16　设置成功

2. 快捷推广计划

对于快捷推广计划来说,它可以让卖家更快、更迅速、更方便、更简洁地做好推广计划,从而获取更多流量。快捷推广计划步骤与重点推广计划步骤相同,不再赘述。

12.4　内容营销

12.4.1　Feed 营销

Feed 频道是全球速卖通内容营销的第一阵地,其在 App 端有超大流量入口。消费者通过订阅卖家账号,可以获取卖家发布的内容和服务;消费者和卖家之间围绕内容产生互动,交流和购买。Feed 频道在速卖通 App 的入口如图 12.17 所示。

通过点击全球速卖通 App 端的 Feed 按钮,买家可以进入 Feed 频道,页面会显示 Following、Inspiration、LIVE 几个模块。

Following 模块:卖家店铺的粉丝在点进 Following 模块以后会看到卖家所发的帖子,同时,卖家在 Feed 频道上发的帖子会按照时间的顺序展示在粉丝面前;当然如果粉丝关注了不同的店铺,那么哪个店铺发帖的时间距离粉丝浏览 Feed 频道的时间近,它的帖子就会最先展现在粉丝面前。

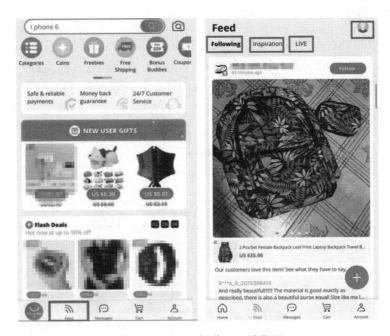

图 12.17　Feed 频道 App 端位置

Inspiration 模块:它属于平台推荐频道。比如某一位卖家的帖子特别优质,买家互动性特别高,那么系统会优先推荐其帖子给到一些新用户,为卖家获取一些流量,从而使其获得更多的粉丝。

LIVE 模块:直播模块。如果买家在手机端想看直播,需要通过 Feed 频道进入直播的界面。

Feed 频道发帖类型:店铺活动帖以及平台活动帖,还可以转发达人任务帖。其中店铺活动帖又分为视频帖、文章帖、粉丝专享价、清单帖、上新帖、买家秀。不同的帖子的引流效果是不同的,店铺活动帖的引流效果大致为:视频帖 > 文章帖 > 粉丝专享价 > 清单帖 > 上新帖 > 买家秀。

尽管 Feed 频道发帖类型较多,但是在实际业务中,真正使用较多的是视频帖和文章帖,因为这两种帖子的曝光以及引流效果是最好的。在发帖时,多发高质量帖子,并且要想方设法增粉。

Feed频道发帖提升帖子质量的技巧:卖家不仅要尽量提升点赞数和评论数,而且还要提升帖子互动性,并且要对帖子的留言进行回复;同时,卖家要报名Feed频道的平台活动,尽量成为Feed频道优质卖家,因为这样会获得"优先推送,优先参加主题活动"的权利。

12.4.2 达人任务

达人任务指的是卖家可以向网红达人下达任务,邀请他们为自己店铺做推广,如图12.18所示。卖家要想参与达人任务,需要通过后台营销活动进入社交推广平台,只要卖家可以发布任务,就说明卖家的店铺有发布达人任务的权限。

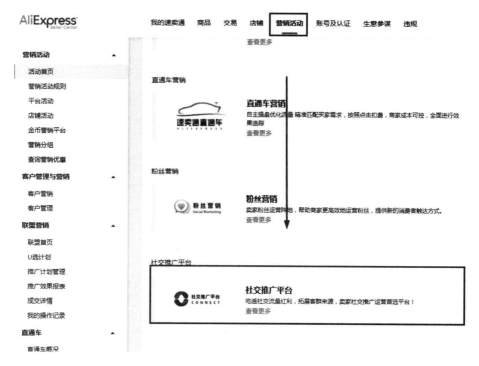

图 12.18　达人任务

达人任务对店铺的作用为:可以使新品销量快速破零,因为只要设置了一个达人任务,对新品进行引流,达人很快就会对新品下单;下单以后,会很快沉淀五星好评;同时,卖家可以通过达人任务,获得高权重的粉丝。

达人的筛选:点击达人的头像查看其粉丝量,最好在10万以上;粉丝渠道尽可能同步到站外SNS;要保证发帖质量,比如文字描述要准确、图片质量要展示产品的卖点;卖家要仔细研究其互动数据,即点赞数量以及评论数量;最好选达人擅长的领域,即所选达人与自己的产品匹配;还要看一下达人的综合数据,看粉丝的性别分布以及偏好类目分布,如图 12.19 所示。

图 12.19 达人的筛选

达人任务注意事项:卖家先与达人约定好所有细节,再确定任务;卖家要跟进包裹寄送情况,跟进达人素材准备情况,确认好再发布;卖家要催促达人保质、保量、按约定时间完成任务。

实验项目 13

Chapter 13

跨境物流及客服

实验目的:了解跨境电子商务常用物流方式,学会设置运费模板;模拟客服处理站内信、订单留言和纠纷。

实验任务:

(1)设置一个运费模板。

(2)处理一个纠纷。

13.1 跨境物流介绍

跨境物流就是国际物流,是指通过海运、陆运、空运等方式把货物从一个国家或地区运输到另外一个国家或地区。其中,海运具有运输量大、运费便宜、运输时间较长等特点,在传统国际贸易中的货物运输方式中占比较大。而跨境电子商务以商品零售为主,成交金额相对较少,且物流多数为小件货物,因此在实际操作中一般选择快递、平邮或空运。作为互联网时代下的产物,跨境电商的发展速度非常迅速,如果物流发展跟不上跨境电商发展的节奏,那么势必会带来一系列的隐患,比如发货速度慢会导致境外客户不满,从而引起平台纠纷。物流不仅直接影响跨境电商的交易成本,还关系到买家对卖家的满意度、购物体验和忠诚度。物流服务不到位所引发的后果会引起连锁反应,直接影响跨境电商的发展。根据调查显示,跨境电商订单纠纷产生的原因中85%与物流有关,常见的物流纠纷有运输速度慢耗时久、物流信息跟踪不到位、快件丢失破损等。

13.1.1 跨境物流方式

国际物流体系主要分为四大体系,即邮政物流、商业物流、专线物流和海外仓物流,如图13.1所示。邮政物流有 EMS、e邮宝、E特快、中国邮政航空小包(China Post Air Mail)等,并且因为有"万国邮联"组织的存在,邮政物流具有绿色清关、稳定性较强的特点,但是时效性一般。商业物流包括 UPS(美国联合包裹运送服务公司)、DHL(敦豪航空货运公司)、FedEx(联邦快递)、TNT 快递,统称为四大物流,在各种商业快递使用率方面,国际四大物流巨头占据了半壁江山。商业物流时效快但运费贵,有时候需要清关。专线物流有澳洲专线、中东专线、中俄专线速优宝、中通俄罗斯专线等,时效一般比邮政物流快,运费比较便宜,但稳定性较差。海外仓物流时效快,比较稳定,但是在备货方面存在风险。中国目前已有的海外仓,分布在俄罗斯、日本、韩国、美国等国家和地区。正常情况下跨境电商中的卖家习惯使用中国邮政、TNT 快递、UPS、FedEx、DHL、海运等方式。对于卖家来说,物流方式没有好坏之分,只有合适与否。

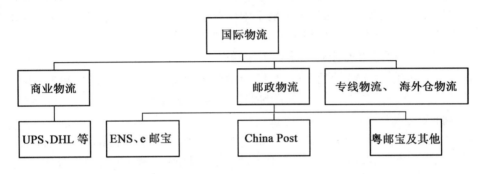

图 13.1 国际物流体系

全球速卖通平台又将国际物流方式分为经济类、简易类、标准类、快速类和其他类(如图 13.2 所示),作为入驻平台的卖家,可以根据自己的情况选择合适的物流方式和国际物流公司。

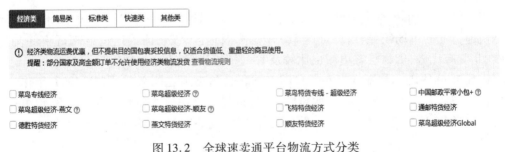

图 13.2 全球速卖通平台物流方式分类

1. 经济类物流

经济类物流中最常见的是中国邮政航空小包里面的平邮小包,中国邮政航空小包又称邮政小包、航空小包。它包含挂号、平邮两种服务,可寄达全球各个邮政网点,适用范围广(易贝、敦煌网等平台都可以使用),一般无特别的邮寄限制,除了国际违禁品和危险品以外。

2. 简易类物流

AliExpress 无忧物流是菜鸟网络与优质物流商合作,搭建的覆盖全球的物流配送网络。该物流方式下产生的物流纠纷无须卖家响应,直接由平台介入核实物流状态并判责。其中的 AliExpress 无忧物流 - 简易模式是简易类物流方式的代表。

3. 标准类物流

中国邮政挂号小包方式下会收取挂号服务费,且费率稍高,可提供网上跟踪查询服务,与平邮小包的主要区别是挂号小包提供的物流跟踪条码能实时跟踪物流情况。

中国邮政大包服务是中国邮政区别于中国邮政小包的新业务,可寄达全球 200 多个国家,对时效性要求不高且重量稍重的货物,可选择使用此方式发货。

e 邮宝是中国邮政储蓄银行电子商务快递公司与支付宝最新打造的一款国内经济型速递业务,专为中国个人电子商务所设计,采用全程陆运模式,其价格较普通 EMS 有大幅度下降,大致为 EMS 的一半,但其享有的中转环境和服务与 EMS 几乎完全相同,而且一些空运中的禁运品将可能被 e 邮宝所接受。

ARAMEX 快递在国内也被称为"中东专线",是邮寄中东地区的国际快递的重要渠道,成立于 1982 年,总部位于中东,是中东地区的国际快递寡头,运费要比 DHL 发往中东、北非、南亚等国家便宜。

4. 快速类物流

EMS(Express Mail Service),邮政特快专递服务。它是由万国邮联管理下的国际邮件快递服务,是中国邮政提供的一种快递服务。该业务在海关、航空等部门均享有优先处理权,它以高质量为用户传递国际、国内紧急信函、文件资料、金融票据、商品货样等各类文件资料和物品。

DHL(DHL Express)是全球著名的邮递和物流集团 Deutsche Post DHL 旗下公司,是全球快递行业的市场领导者,可寄达 220 个国家及地区,该物流渠道适合邮寄小件,去往西欧、北美有优势,货物状态更新也比较及时,遇到问题解决速度快。

UPS(United Parcel Service,Inc.),即美国联合包裹运送服务公司,于 1907 年作为一家信使公司成立于美国华盛顿州西雅图,作为世界上规模较大的快递承运商与包裹递送公司之一,UPS 信誉特别好,发美国的货物用 UPS 优势明显,价格便宜、速度快且可发货种类多。

FedEx(Federal Express)联邦快递隶属于美国联邦快递集团,FedEx IP 指的是联邦快递优先服务,时效比较快些,相对来说价格也比普通的高一些。FedEx IE 指的是联邦快递经济服务,时效与 FedEx IP 相比较慢些,但相对而言价格要便宜。两者说到底就是时效和价格的区别,FedEx IP 时效快、价格高,FedEx IE 时效慢、价格低。

实验项目 13　跨境物流及客服

TNT 快递总部位于荷兰的 TNT 集团,2011 年,TNT N.V. 拆分为 TNT 快递和荷兰邮政(PostNL),而 TNT 航空则划归 TNT 快递旗下。在荷兰本国,TNT N.V. 一度以 TNT 邮政的名义运作,目前澳洲线路优势较为明显。

5. 其他类物流

其他类物流是指卖家自定义的,指根据发货地自行定义物流选项,如图 13.3 所示。

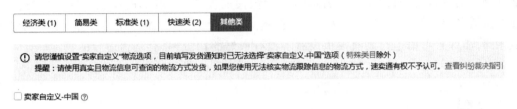

图 13.3　全球速卖通平台其他类物流

13.1.2　运费模板设置

运费模板设置的作用不言而喻,应根据物流状况设置发货国家、根据运费谨慎选择物流。在平台中超过 80% 的买家选择购买免运费商品,建议卖家选择价格低的物流方式设为卖家承担运费。设置运费模板有以下几个步骤。

第一步,登录全球速卖通卖家后台,选择"商品"下的"模板"中的"物流模板",点击"新建运费模板"。根据自己喜好输入模板名称,名称为英文或数字,点击"保存",如图 13.4 所示。

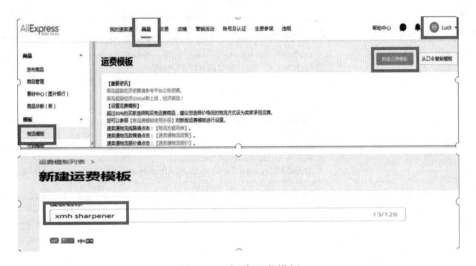

图 13.4　新建运费模板

第二步,返回运费模板后可以看到新增的运费模板,然后点击其编辑。如果名称设置错误,或需要取消该运费模板,则可以选择删除。在运费模板编辑页面可分别设置不同类型的物流信息,经济类物流设置中国邮政航空小包,标准类物流设置 e 邮宝和中国邮政挂号小包,快递类物流设置 EMS、DHL、UPS、FedEx。可点击"查看详情"了解详细的物流信息。经济类物流适合货物价值低、重量轻的商品,运输时间长;标准类物流特点是全程物流信息可追踪;快递类物流适合高价值商品使用,特点是运输速度快、运费高、全程物流信息可追踪。如图 13.5 所示,根据商品的特点不同,不同物流公司服务特点也不尽相同,需综合考虑进行物流模板设置。没有最好的物流,只有是否适合的物流。

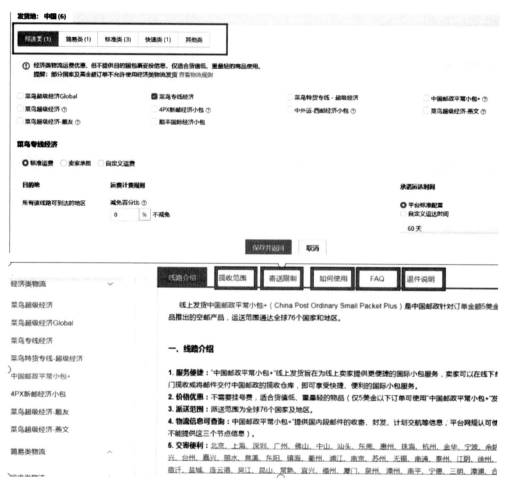

图 13.5 运费模板内容

实验项目 13　跨境物流及客服

了解基础物流信息后可开始物流模板设置,可以根据卖家自身情况选择一个类型进行设置。

第三步,经济类物流模板设置,如图 13.6 所示。

勾选"中国邮政平常小包 +",进行运费设置和运费到达时间设置。如选择标准运费,需设置减免率,可选择卖家承担运费,也可进行自定义运费设置;承诺到达时间根据实际业务中选择的物流公司和运输距离的远近酌情填写。下面详细介绍自定义运费模板设置。

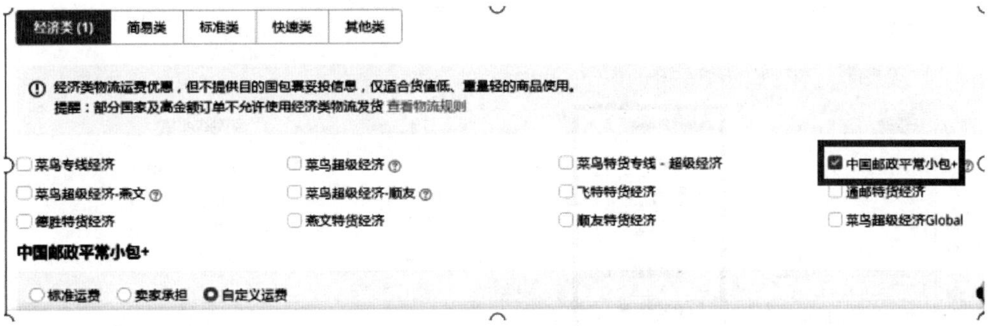

图 13.6　经济类物流模板设置

(1)点击"自定义运费",按照地区设置运费模板,如图 13.7 所示,对六大洲分别进行设置,点击"显示全部",显示该洲的全部国家,根据各国情况,勾选相应适合销售对象的国家,勾选结束,点击"收起",接着按照同样的步骤设置其他国家,后面跟着标红的一般为热门国家。可设置卖家承担运费,吸引客户。

图 13.7　选择发货国家

（2）全部勾选完毕后设置运费计算方式，如图13.8所示。运费类型包括标准运费、自定义运费、卖家承担运费，卖家可以根据具体情况设置为标准运费（同时设置相应的运费减免率）或自定义运费或者卖家承担运费（即包邮），最后点击"创建模板"。

（3）如图13.9所示，选择"自定义运费"后，需要选择按照重量还是数量计费，如图13.10所示。

（4）对于目的地中不包含的国家或地区可设置为不发货。

其他类型物流按照上述方法依次设置。

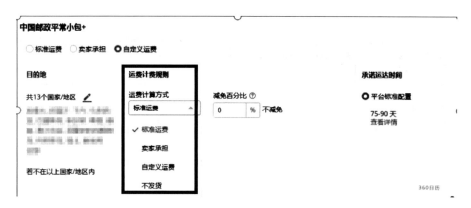

图13.8　设置运费计算方式

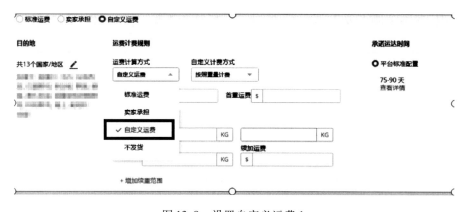

图13.9　设置自定义运费1

图 13.10　设置自定义运费 2

第四步，承诺运达时间详情。按照目的地的不同，全球速卖通平台会给出标准配置时间，如图 13.11 所示，根据选定的目的地以及运费计费规则的不同，承诺运达时间也不同，经济类"中国邮政平常小包+"物流模式下，自定义运费的平台配置时间范围为 75～90 天。点击"查看详情"，承诺运达时间均为 75 天，如图 13.12 所示。

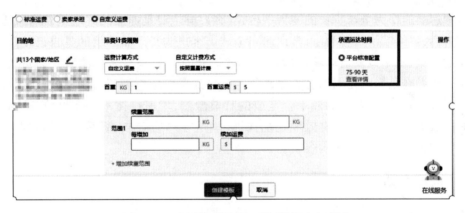

图 13.11　平台标准配置下的承诺运达时间

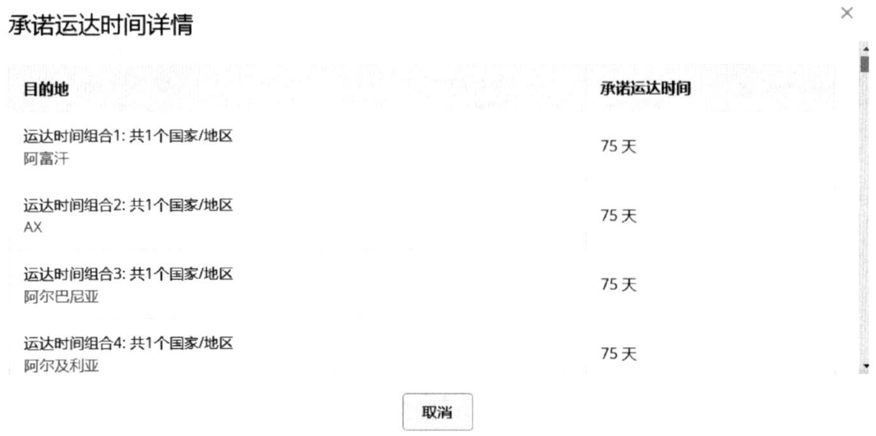

图 13.12　承诺运达时间详情

13.2　客户服务

全球速卖通作为全球货物的零售平台,其客户群主要是商品的终端消费者或者是小型的零售商,以终端消费者为主,客户遍布全球。客户购买产品的目的是自己使用,往往对产品的质量、价格以及运输等问题比较关注。及时有效地与客户沟通尤为重要,与客户沟通是否顺畅是影响在线访客流量转化为订单的重要影响因素,也有助于卖家及时处理纠纷,降低纠纷率。随着电商平台竞争的日益激烈,卖家往往不是在拼价格、拼质量,而是在拼服务。与客户进行有效顺畅的沟通、满足客户的需求、解答客户的问题是全球速卖通客服人员的主要工作内容。

13.2.1　买家会话

买家会话板块已经逐渐取代了原来站内信的功能,买卖双方以这种方式进行交流更加快速便捷。买家通过留言可以询问卖家有关商品的尺寸、颜色、能否打折、到货时间、物流方式等信息,这种方式相当于询盘,是买家下订单之前给卖家的询盘。卖家回复留言有以下步骤。

第一步,进入全球速卖通平台登录卖家账号,点击"我的速卖通",通过消息中心的"买家消息"即可进入买家会话的界面,或者点击右上角的消息图标,也可进入买家会话界面;进入不同买家的会话界面,根据内容进行回复;可以根据不同买家的重要程度对会话界面进行标记,如标记为红色、黄色、绿色等,如图 13.13 所示。

实验项目 13　跨境物流及客服

图 13.13　买家会话

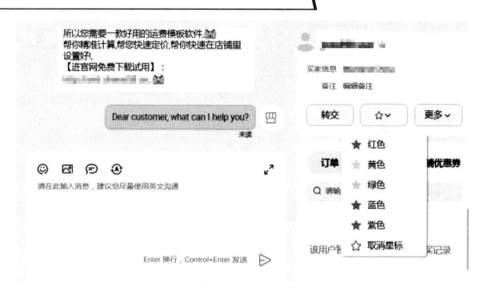

图 13.13 买家会话(续)

第二步,如果卖家没有办法及时回复买家留言,可以提前进行会话设置。点击"会话设置"图标,进入设置界面,可以分别对"快捷短语设置""自动回复设置""客服账号管理"等内容进行设置。如图 13.14 所示,以"自动回复设置"为例,输入自动回复文本,点击"保存",买家进行留言的话,平台将会自动回复该语句。

图 13.14 买家留言自动回复设置

图 13.14　买家留言自动回复设置(续)

13.2.2　订单留言

客户下订单后,如有问题或特殊要求会给卖家留言。卖家回复订单留言有以下步骤。

第一步,登录卖家入口,进入首页点击"交易",即可查看所有订单,也可根据需要设置时间或者选择订单状态筛选出想要查看的订单;或者点击订单板块中的"查看全部"也可跳转到订单界面,如图 13.15 所示。

图 13.15　查看订单

电商创业实操教程

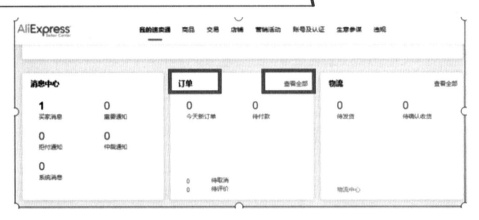

图 13.15　查看订单(续)

第二步,点击"联系买家"进入买家会话界面,如图 13.16 所示,可查看买家留言的内容以便进行回复和处理;已经处理的订单留言可进行标记。

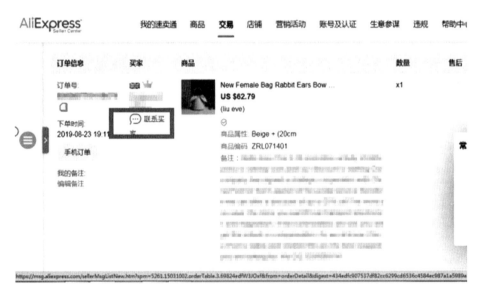

图 13.16　订单留言处理

实验项目 13　跨境物流及客服

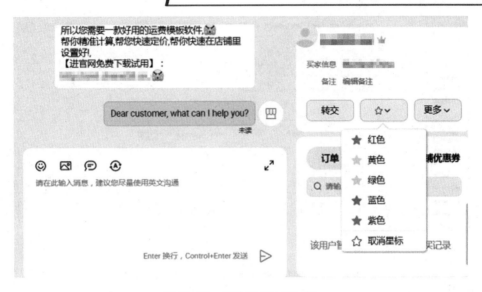

图 13.16　订单留言处理(续)

13.2.3　纠纷处理

当发生交易纠纷时,卖家要及时与买家沟通,以期尽快解决问题。如果买家提起纠纷应及时回复买家,查明原因,未收到货和货物质量问题是引起纠纷的最主要原因。处理纠纷有以下步骤。

第一步,查看纠纷订单:点击"退款 & 纠纷"或者有纠纷的订单即可查看,如图 13.17 所示。

图 13.17　店铺后台退款 & 纠纷交易页面

图 13.17 店铺后台退款 & 纠纷交易页面(续)

第二步,在"退款 & 纠纷"能够看到纠纷的状况,包括买家新提起的纠纷等待处理、卖家已经拒绝的纠纷申请、平台已经介入处理的纠纷详情。点击"等待确认的订单",首先查看纠纷详情,点击"接受"或"拒绝",对于"接受"的纠纷应点击"联系买家"进行回复,如图 13.18 所示。

图 13.18 有纠纷的订单

常见的引起纠纷的原因有物流原因、货物款式不符、海关扣关等,下面以物流原因引起的纠纷为例,说明一下整个纠纷处理的过程:点击"纠纷详情"查看纠纷过程,买家会在纠纷处理过程中提供必要的证据,卖家在此基础上做相应的解释,协商完成以后,确定物流问题无法解决,卖家会发起退款,平台经过判定后作退款处理,可以对消息的语言进行设置,选择熟悉的语言即可,如图 13.19 所示。

图 13.19　物流原因引起的纠纷处理过程

图 13.19 物流原因引起的纠纷处理过程(续)

13.2.4 售后和服务

发生纠纷时,纠纷处理的好坏直接影响商家的信誉以及形象,因此作为全球速卖通平台的卖家,必须合理管理售后服务,设置科学有效的模板。

第一步,进入全球速卖通平台,点击"商品",点击左侧菜单栏模板中的"售后和服务",卖家可以根据自己的需要选择通用服务里面的项目,例如"无忧退货保障计划",了解里面的保障内容后有需要可以点击"申请加入",如图 13.20 所示。

实验项目 13　跨境物流及客服

第二步,如果卖家想自己设置服务模板,可以点击"管理服务模板"中的"新增服务模板",按照要求填写模板名称,设置模板规则。服务模板设置完成后,点击"保存",如图 13.21 所示。如果有售后问题,可以去消息中心进行查看,点击"查看全部",就进入到退款 & 纠纷页面,如图 13.22 所示。

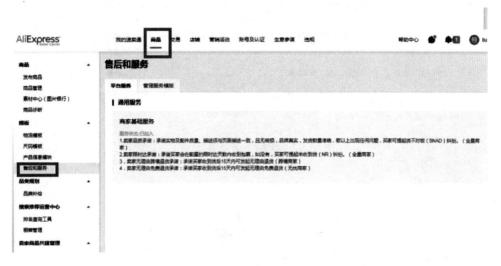

图 13.20　售后服务设置 1

图 13.21　售后服务设置 2

图 13.21 售后服务设置 2(续)

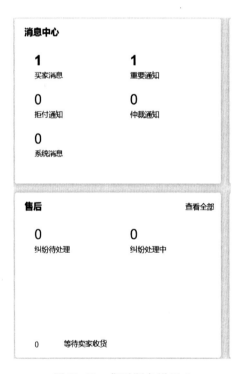

图 13.22 售后服务设置 3

实验项目 14

Chapter 14

国际支付及注意事项

实验目的：了解取现流程。

实验要求：设置国际支付宝美元账户和人民币账户。

支付宝国际账户是支付宝(中国)网络技术有限公司拥有的国际支付产品，主要是为从事跨境交易的国内用户建立的一个资金账户管理系统。与国内支付宝账户不同之处在于，这个资金账户是多币种账户，包括美元和人民币账户，目前 AliExpress(全球速卖通)与阿里巴巴国际站会员可以使用，并且需要在阿里巴巴国际站订单操作基础之上才可以收款。国际支付宝支持买家使用信用卡、银行汇款等多种支付方式，买家付款后卖家发货，卖家收款安全有保障。交易后卖家收款的流程有以下几个步骤。

第一步，登录首页，点击"交易"，在订单看板中有等待卖家放款，选择等待放款的订单，点击"请款"，填好申请放款理由，上传相关证明文件，点击"提交"，如图 14.1 所示。

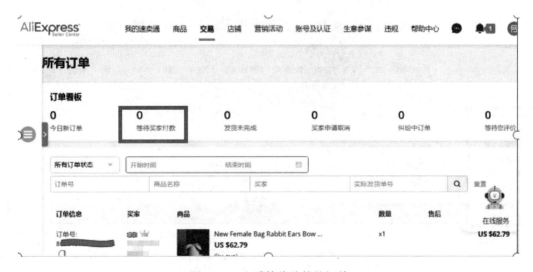

图 14.1 查看等待放款的订单

图 14.1　查看等待放款的订单(续)

第二步,在交易界面,点击左侧边栏"支付宝国际账户",如图 14.2 所示。

图 14.2　支付宝国际账户

第三步,进入账户首页(如图 14.3 所示),显示当前美元账户和人民币账户余额,体现账户情况和交易记录情况。

图 14.3　账户首页

第四步,点击"交易记录",可以查询到近期账户交易的各项明细,仅能查找最近 6 个月的记录(如图 14.4 所示)。

第五步,先进行美元账户提现,再进行人民币账户提现,提现前先要进行美元和人民币账户设置。账户设置完成后,可进行提现,无论提取的金额为多少,提现的手续费为 15 美元。(如图 14.5 所示)

图 14.4　交易记录

图 14.4　交易记录(续)

图 14.5　账户提现

完成以上所有操作步骤,在全球速卖通平台开通的店铺就可以正常运营了。

参 考 文 献

[1] 速卖通大学.跨境电商:阿里巴巴速卖通宝典[M].2版.北京:电子工业出版社,2015.
[2] 红鱼.118问玩转"速卖通"——跨境电商海外淘金全攻略[M].北京:中国海关出版社,2016.
[3] 中国国际贸易学会商务专业考试培训办公室.跨境电商操作实务[M].北京:中国商务出版社,2015.
[4] 中国国际贸易学会商务专业培训考试办公室.跨境电商英语教程[M].北京:中国商务出版社,2015.
[5] 周安宁,戈雪梅.跨境电子商务网络营销[M].北京:中国商务出版社,2015.
[6] 陈明,许辉.跨境电子商务操作实务[M].北京:中国商务出版社,2015.
[7] 刘世鹏.跨境电子商务实操教程[M].哈尔滨:哈尔滨工业大学出版社,2016.